Découvrez des Jeux Gratuits en Ligne

Disponible Ici :

BestActivityBooks.com/FREEGAMES

5 ASTUCES POUR DÉMARRER !

1) COMMENT RÉSOUDRE LES MOTS MÊLÉS

Les puzzles sont dans un format classique :

- Les mots sont cachés sans espaces, tirets, ...
- Orientation : Les mots peuvent être écrits en avant, en arrière, vers le haut, vers le bas ou en diagonale (ils peuvent être inversés).
- Les mots peuvent se chevaucher ou se croiser.

2) UN APPRENTISSAGE ACTIF

Un espace est prévu à côté de chaque mots pour noter la traduction. Pour favoriser un apprentissage actif un **DICTIONNAIRE** à la fin de cette édition vous permettra de vérifier et étendre vos connaissances. Cherchez et notez les traductions, trouvez-les dans le Puzzle et ajoutez-les à votre vocabulaire !

3) MARQUEZ LES MOTS

Vous pouvez inventer votre propre système de marquage. Peut-être en utilisez-vous déjà un ? Sinon, vous pourriez, par exemple, marquer les mots qui ont été difficiles à trouver d'une croix, ceux que vous avez aimés d'une étoile, les mots nouveaux d'un triangle, les mots rares d'un diamant, etc...

4) STRUCTUREZ VOTRE APPRENTISSAGE

Cette édition vous offre un **CARNET DE NOTES** très pratique à la fin du livre. En vacances ou en voyage ou à la maison, vous pouvez facilement organiser vos nouvelles connaissances sans avoir besoin d'un second bloc-notes !

5) VOUS AVEZ FINI TOUTES LES GRILLES ?

Allez à la section bonus **CHALLENGE FINAL** pour trouver un jeu gratuit à la fin de cette édition !

Simple et Rapide ! Découvrez notre collection de livres d'activités pour votre prochain moment de détente et **d'apprentissage**, à juste un clic de distance !

Trouvez votre prochain défi sur :

BestActivityBooks.com/MonProchainLivre

À vos marques, prêts... Partez !

Saviez-vous qu'il existe environ 7 000 langues différentes dans le monde ? Les mots sont précieux.

Nous aimons les langues et avons travaillé dur pour créer les livres de la plus haute qualité pour vous. Nos ingrédients ?

Une sélection des thématiques d'apprentissage adaptée, trois belles parts de divertissement, puis nous ajoutons une cuillère de mots difficiles et une pincée de mots rares. Nous les servons avec soin et un maximum de plaisir pour vous permettre de résoudre les meilleurs jeux de mots mêlés qui soient et d'apprendre en vous amusant !

Votre avis est essentiel. Vous pouvez participer activement au succès de ce livre en nous laissant un commentaire. Nous aimerions vraiment savoir ce que vous avez préféré dans cette édition !

Voici un lien rapide qui vous mènera à la page d'évaluation de vos commandes :

BestBooksActivity.com/Avis50

Merci pour votre aide et amusez-vous bien !

De la part de toute l'équipe

1 - Adjectifs #2

```
O  P  P  R  O  D  U  K  T  I  V  N  I  V
E  D  R  J  L  H  J  P  O  Z  N  A  T  I
F  F  G  I  N  S  I  P  O  S  A  Č  S  J
T  I  V  O  R  A  D  B  D  U  T  I  I  L
G  O  U  O  V  O  N  H  U  H  N  T  Č  M
V  G  V  U  V  O  D  V  J  O  A  A  D  I
S  N  A  Ž  A  N  R  N  C  G  G  M  I  N
E  B  R  V  P  M  P  A  O  F  E  A  V  A
Đ  S  D  T  U  J  A  C  N  K  L  R  L  Z
F  L  Z  P  O  N  O  S  A  N  E  D  J  M
A  A  F  Đ  U  C  P  L  P  P  Đ  C  I  I
J  N  J  K  R  E  A  T  I  V  N  I  B  A
D  N  C  A  A  U  T  E  N  T  I  Č  N  O
Y  K  G  K  K  P  M  H  Z  B  E  S  H  W
```

AUTENTIČNO   PRIRODNO
POZNATI   NOVO
KREATIVNI   PRODUKTIVNI
OPISNI   SNAŽAN
DAROVIT   ČIST
DRAMATIČAN   ODGOVORAN
ELEGANTAN   ZDRAV
PONOSAN   SLAN
JAK   DIVLJI
ZANIMLJIV   SUHO

2 - Formes

```
K O R P G P K J R W L A G C
R V U O C E S B N H J U Y I
I A B L K V A D R A T H K L
V L O I K R U G Đ D U I G I
U A V G O A Y M J I K P N N
L N I O K O C K A M U E E D
J S U N O Đ A J A T R C A
A E L I P S A P W R O B C R
S T R A N A V G N I Đ O M D
R R P R I Z M A B P G L Đ Z
C T L K I N T U K O V A R P
U G S I U Y P S Đ H D W A A
S F E R A V E B A F A N N K
T R O K U T L Y H L J F B E
```

LUK	ELIPSA
RUBOVI	HIPERBOLA
KVADRAT	CRTA
KRUG	OVALAN
KUT	POLIGON
KRIVULJA	PRIZMA
KONUS	PIRAMIDA
STRANA	PRAVOKUTNIK
KOCKA	SFERA
CILINDAR	TROKUT

3 - Force et Gravité

```
F I Z I K A V R I J E M E Y
U O S U N I V E R Z A L A N
C D R T Y P R J R B U E D V
E O A E B N T D D S Z D G D
N R T R D R S U L B E N W I
T B R K A K A S I T I R P N
A I E O R C N K G I D E L A
R T N P Y T E Ž I N A F J M
P A J M A Z I T E N G A M I
V D E T S O N E J L A D U Č
P L A N E T E K E C E H T A
D M Z I D O T K R I Ć E E N
S V O J S T V A N I Z R B M
P R O Š I R E N J E C F S Y
```

OS
CENTAR
OTKRIĆE
UDALJENOST
DINAMIČAN
PROŠIRENJE
TRENJE
UDARAC
MAGNETIZAM
MEHANIKA

POKRET
ORBITA
FIZIKA
PLANETE
TEŽINA
PRITISAK
SVOJSTVA
VRIJEME
UNIVERZALAN
BRZINA

4 - Adjectifs #1

```
B N B N I T I R O P S U D U
T U S E I D M O D E R A N M
E S H N R Y E Z P F P D J J
V G S G W V Y N I Z C P M E
U F Z E Z J Đ E T O K F L T
A C Z O H Đ O R P I R E A N
W N W G T V J K M K Č N D I
T A N A K I P S W S W A I Č
S V J I G L Č I G T U M N K
L I J E P T B N T A F O V I
F T E C T D E F O M D R A G
R K N E V I N Š J O F G Ž F
H A B G H W Z G K R O O N I
N A Z O I C I B M A M B O Y
```

AKTIVAN
AMBICIOZAN
AROMATSKI
UMJETNIČKI
LIJEP
EGZOTIČNO
OGROMAN
ISKREN

IDENTIČAN
VAŽNO
NEVIN
MLADI
USPORITI
TEŠKA
TANAK
MODERAN

5 - Instruments de Musique

```
G  Y  Y  D  R  I  V  A  L  K  M  M  C  F
I  T  R  Z  E  K  J  L  A  R  A  D  U  L
T  R  F  Y  B  Š  B  O  Ž  D  N  E  B  A
A  O  P  J  N  A  B  U  B  Đ  D  D  I  U
R  M  G  A  J  R  J  L  B  A  O  A  O  T
A  B  G  K  E  U  S  H  B  Z  L  N  L  A
P  O  O  I  Z  B  Đ  A  H  B  I  O  E  N
R  N  N  N  B  M  U  T  K  B  N  B  Č  I
Z  J  G  O  I  A  N  B  Y  S  A  B  N  L
C  N  U  M  E  T  O  B  O  A  O  D  O  O
K  L  A  R  I  N  E  T  O  G  A  F  L  I
I  L  S  A  C  Y  H  A  R  F  A  J  O  V
H  H  T  H  N  M  Y  K  F  Y  T  J  I  N
M  A  R  I  M  B  A  T  R  U  B  A  V  I
```

BENDŽO	MARIMBA
FAGOT	UDARALJKE
KLARINET	KLAVIR
FLAUTA	SAKSOFON
GONG	BUBANJ
GITARA	TAMBURAŠKI
HARMONIKA	TROMBON
HARFA	TRUBA
OBOA	VIOLINA
MANDOLINA	VIOLONČELO

6 - Échecs

```
Z L W P N K B J C F A O F R
A E R Č A R G I I P C R N A
N J U I R A C J J L A R K K
P N J O G L L E M E J I R V
U A N G I J I T Đ L L V Z G
Ž C M S A I V O Z A Z I O K
R E G E I C O C T U Č I T I
T J P W T A Y S O M Z U J N
V T A R O A L U Č L G D I V
O A F U A R N O K A V R P I
V N N L W V P T E N S H C T
A M Y V A L I P A S I V N O
T T U R N I R L G I J W O R
I K A L A N O G A J I D R P
```

PROTIVNIK	CRNA
UČITI	PASIVNO
BIJELI	TOČKE
PRVAK	KRALJICA
NATJECANJE	PRAVILA
IZAZOVI	KRALJ
DIJAGONALA	ŽRTVOVATI
PAMETAN	VRIJEME
IGRA	TURNIR
IGRAČ	

7 - Herboristerie

```
T  R  V  A  D  Š  A  F  R  A  N  A  O  C
I  M  N  R  R  E  R  C  P  N  S  A  K  R
M  A  M  O  A  L  D  V  U  E  A  G  A  J
I  Ž  E  M  G  A  K  I  Y  L  R  Đ  J  M
J  U  E  A  U  V  K  J  T  E  K  Š  L  C
A  R  Z  T  L  A  A  E  I  Z  U  F  I  I
N  A  Đ  S  J  N  J  T  J  O  L  A  S  N
B  N  F  K  R  D  N  O  N  S  I  R  O  K
E  Z  K  I  V  A  Š  J  Đ  E  N  A  B  O
U  T  D  F  A  T  E  T  I  L  A  V  K  M
K  O  M  O  R  A  Č  D  Đ  P  R  D  H  D
R  U  Ž  M  A  R  I  N  G  Đ  S  U  K  O
S  A  S  T  O  J  A  K  P  I  K  K  H  S
M  E  T  V  I  C  E  R  L  I  I  M  T  T
```

ČEŠNJAK	LAVANDA
AROMATSKI	MAŽURAN
BOSILJAK	METVICE
KORISNO	PERŠIN
KULINARSKI	KVALITETA
DRAGULJ	RUŽMARIN
KOMORAČ	ŠAFRAN
CVIJET	OKUS
SASTOJAK	TIMIJAN
VRT	ZELEN

8 - Photographie

```
K A M E R A O V F R V A A G
R S N U I J R K I V I B T T
A A Y R B O S R V D J Đ W G
S S R L C B T D W I N B I D
V T E M D E R P Đ U R I I D
J A M A T J Z O B J E K T E
E V I Z L O Ž B A R N P A F
T A M R O F Y U N D E O Š I
A T E K S T U R A I J R K N
K O N T R A S T N N S T E I
P E R S P E K T I V A R M C
U O P O G L E D S T T E O I
V B G N M Z R Z K A L T Đ J
M D O A U S P T M D A Z K A
```

OMEKŠATI	CRNA
OKVIR	OBJEKT
KAMERA	TAMA
SASTAV	SJENE
KONTRAST	PERSPEKTIVA
BOJA	PORTRET
DEFINICIJA	PREDMET
IZLOŽBA	TEKSTURA
RASVJETA	VIDNI
FORMAT	POGLED

9 - Véhicules

```
Z  T  P  H  L  K  C  G  L  K  U  A  S  W
R  P  N  J  N  K  A  N  U  Č  A  D  T  C
A  N  S  Č  A  M  A  C  B  M  R  I  T  U
K  T  L  N  V  A  L  P  S  Đ  E  S  A  Y
O  J  E  H  A  N  S  S  R  E  T  U  K  S
P  M  S  K  R  M  O  T  O  R  P  T  S  A
L  U  D  Đ  A  L  F  V  N  S  O  R  I  U
O  D  L  P  K  R  Y  R  O  T  K  A  R  T
V  A  U  T  O  M  O  B  I  L  I  J  B  O
P  O  D  M  O  R  N  I  C  A  L  E  I  B
K  A  M  I  O  N  U  D  R  M  E  K  C  U
P  Ć  O  M  O  P  A  N  T  I  H  T  I  S
R  R  L  V  L  A  K  N  A  Y  H  Y  K  O
K  S  N  T  G  T  Đ  V  N  Y  N  S  L  B
```

HITNA POMOĆ	ČUNAK
ZRAKOPLOV	GUME
ČAMAC	SPLAV
AUTOBUS	SKUTER
KAMION	PODMORNICA
KARAVAN	TAKSI
TRAJEKT	TRAKTOR
RAKETA	VLAK
HELIKOPTER	BICIKL
MOTOR	AUTOMOBIL

10 - Camping

```
F  E  B  J  L  V  R  V  J  G  F  J  Š  R
B  E  Ž  U  O  A  E  J  Z  E  G  Z  U  G
Z  J  N  E  V  T  Đ  C  H  A  Z  C  M  I
P  N  Z  J  U  R  I  Š  E  Š  F  E  A  A
D  I  A  S  E  A  Ć  E  S  I  V  Y  R  G
K  T  Y  B  B  R  M  N  N  Y  I  R  V  O
N  O  Y  U  P  V  J  V  A  M  E  R  P  O
W  V  M  C  M  K  E  S  V  A  O  J  D  S
A  I  J  P  C  Y  S  J  A  N  I  B  A  K
Z  Ž  B  N  A  J  E  K  N  I  T  D  V  K
K  U  K  A  C  S  C  A  T  N  E  S  Đ  F
P  N  Š  A  T  O  R  R  U  A  C  D  I  G
M  A  G  B  K  H  F  T  R  L  N  D  P  B
C  K  O  V  Z  I  V  A  A  P  Y  R  F  U
```

ŽIVOTINJE	VATRA
AVANTURA	ŠUMA
KOMPAS	VISEĆA
KABINA	KUKAC
KANU	JEZERO
KARTA	FENJER
ŠEŠIR	MJESEC
LOV	PLANINA
UŽE	ŠATOR
OPREMA	

11 - Écologie

```
S  W  T  F  O  B  S  S  U  P  S  U  Š  A
K  T  V  G  W  I  I  K  S  R  O  M  O  P
A  N  A  R  O  L  F  Đ  Z  I  Đ  O  N  M
N  A  M  N  W  J  I  U  H  R  N  R  L  O
A  G  I  O  I  E  R  K  B  O  F  A  A  Č
T  G  L  D  S  Š  E  D  E  N  Z  B  V
S  E  K  R  R  V  T  Y  H  N  S  N  O  A
P  V  I  Ž  U  A  N  E  P  O  F  O  L  R
O  L  E  I  S  N  O  V  R  A  A  L  G  A
G  K  A  V  E  V  L  F  I  P  U  I  J  T
V  H  V  N  R  V  O  K  R  A  N  K  K  S
U  S  C  B  I  A  V  D  O  D  A  O  U  R
B  D  J  W  P  N  G  B  D  Z  O  S  E  V
F  E  C  I  N  D  E  J  A  Z  L  T  H  L
```

VOLONTERI
KLIMA
ZAJEDNICE
RAZNOLIKOST
ODRŽIV
VRSTA
FAUNA
FLORA
GLOBALNO
STANIŠTE

MOČVARA
POMORSKI
PLANINE
PRIRODA
PRIRODNO
BILJE
RESURSI
SUŠA
OPSTANAK

12 - Géométrie

```
K  R  U  G  S  I  K  R  I  V  U  L  J  A
S  V  S  K  H  Z  G  V  C  I  K  N  J  B
E  I  I  L  A  R  K  U  T  N  W  G  Z  Ž
G  S  M  S  N  A  J  I  D  E  M  E  S  D
M  I  E  O  I  Č  T  E  O  R  I  J  A  A
E  N  T  K  Š  U  Y  L  T  P  D  L  S  N
N  A  R  O  R  N  J  O  R  B  I  Y  A  D
T  Y  I  M  V  P  P  G  V  O  U  T  M  E
R  Đ  J  I  O  O  I  I  F  N  R  P  C  J
I  T  A  T  P  J  G  K  T  R  O  K  U  T
T  Y  O  N  L  E  L  A  R  A  P  U  N  M
P  R  O  P  O  R  C  I  J  A  M  Y  L  N
M  D  J  F  D  N  E  P  R  O  M  J  E  R
D  I  M  E  N  Z  I  J  A  U  C  Y  D  J
```

KUT
IZRAČUN
KRUG
KRIVULJA
PROMJER
DIMENZIJA
JEDNADŽBA
VISINA
LOGIKA
MASA

MEDIJAN
BROJ
PARALELNO
PROPORCIJA
SEGMENT
POVRŠINA
SIMETRIJA
TEORIJA
TROKUT
OKOMIT

13 - Les Médias

```
F O T O G R A F I J E D K N
T R G O V A Č K I M J I O O
Č L V P B W P H F I N G M V
S I N L A K O L Đ Š A I U I
O T N D U U B C D L R T N N
E T A J M R E Ž A J I A I E
J Z M V E L U T M E C L K Đ
N Y T S O N V A J N N N A Đ
A G J I I V I L V J A I C D
D B O N R E I C H E N L I J
Z N I S L I K E E G I R J D
I N D U S T R I J A F Đ A K
A K A O B R A Z O V A N J E
N K R B N A L I N I J I N O
```

STAVOVI	INDUSTRIJA
TRGOVAČKI	NOVINE
KOMUNIKACIJA	LOKALNI
NA LINIJI	DIGITALNI
IZDANJE	MIŠLJENJE
OBRAZOVANJE	FOTOGRAFIJE
ČINJENICE	JAVNOST
FINANCIRANJE	RADIO
SLIKE	MREŽA

14 - Diplomatie

```
K  A  S  N  T  O  D  L  U  K  A  K  U  P
P  O  L  I  T  I  K  A  R  P  Z  H  P  D
E  C  I  N  A  R  T  S  D  W  I  Z  O  I
Z  T  L  B  A  A  J  N  D  A  R  U  S  P
S  F  I  O  F  Đ  S  E  J  C  Y  F  Z  L
I  N  H  K  T  G  O  O  Š  P  R  T  H  O
G  R  M  U  A  C  I  N  D  E  J  A  Z  M
U  R  A  S  P  R  A  V  A  F  N  I  M  A
R  G  R  A  Đ  A  N  S  K  I  Z  J  U  T
N  A  Z  S  V  G  R  A  Đ  A  N  I  E  S
O  S  A  V  J  E  T  N  I  K  P  S  Đ  K
S  I  N  T  E  G  R  I  T  E  T  K  S  I
T  L  M  U  L  A  M  B  A  S  A  D  O  R
V  L  A  D  A  D  V  A  R  P  Đ  R  Z  G
```

AMBASADOR	ETIKA
GRAĐANI	STRANI
GRAĐANSKI	VLADA
ZAJEDNICA	INTEGRITET
SUKOB	PRAVDA
SAVJETNIK	POLITIKA
SURADNJA	ODLUKA
DIPLOMATSKI	SIGURNOST
RASPRAVA	RJEŠENJE

15 - Électricité

```
A L N R U Z B Z N N A V C M
O O L O V Z E A E O Y P G O
A P P S G E L C T F G N Y P
M A G N E T E I G E C V A R
K A B E L Ž K N E L R Đ N E
P N O E C A T Č N E Ž I C M
O I B Y O R R I E T F I J A
Z Č J H N U I T R A T K C A
I I E M O L Č U A Ž E R M E
T L K I D J A H T G K W R L
I O T H A A R J O T N L U V
V K I Y I N Č I R T K E L E
A I O N E G A T I V A N M M
N U S Đ E Z L A S E R F U U
```

MAGNET
ŽARULJA
BATERIJA
KABEL
ELEKTRIČAR
ELEKTRIČNI
OPREMA
ŽICE
GENERATOR

LASER
NEGATIVAN
OBJEKTI
POZITIVAN
UTIČNICA
KOLIČINA
MREŽA
TELEFON

16 - Astronomie

```
A S T R O N A U T P A P E P
L G H Z A C I L G A M S A O
Z E M L J A E L Y M D V O M
O M G M F J W S Z V R Y M R
U H E V H T U Đ E N E B O Č
A C I N R A D Z E J V Z N I
J N P W Z O R Y Z B M Z A N
I S U P E R N O V A B R Č A
S O M Z O K O Z F S D A N T
K Y P D I O R E T S A Č U E
A S T R O N O M T F O E S N
L S V E M I R G W E K N G A
A T E K A R M I D E M J Y L
G J A J I C O N I V K E B P
```

ASTEROID
ASTRONAUT
ASTRONOM
NEBO
KOZMOS
POMRČINA
EKVINOCIJA
RAKETA
GALAKSIJA
MJESEC

METEOR
MAGLICA
ZVJEZDARNICA
PLANETA
ZRAČENJE
SUNČANO
SUPERNOVA
ZEMLJA
SVEMIR

17 - Physique

```
G  R  S  F  A  C  C  Y  Y  B  Č  U  M  K
E  R  O  L  R  D  D  P  M  R  E  B  O  R
G  O  A  Đ  F  E  A  H  N  Z  S  R  L  E
A  T  K  V  Z  E  K  E  C  I  T  Z  E  L
K  O  Y  S  I  O  U  V  J  N  I  A  K  E
I  M  K  T  K  T  U  N  E  A  C  N  U  K
N  I  L  P  S  F  A  S  T  N  A  J  L  T
A  E  S  U  J  O  Ć  C  L  Y  C  E  A  R
H  T  H  B  I  R  O  K  I  K  T  I  N  O
E  P  O  L  M  M  T  Y  S  J  L  G  J  N
M  N  I  M  E  U  S  B  Đ  B  A  Y  C  A
F  Z  S  K  K  L  U  B  L  C  I  A  M  I
G  Đ  J  H  R  A  G  N  J  J  U  Z  Đ  D
M  A  G  N  E  T  I  Z  A  M  M  A  S  A
```

UBRZANJE
ATOM
KAOS
KEMIJSKI
GUSTOĆA
ELEKTRON
FORMULA
FREKVENCIJA
PLIN

GRAVITACIJA
MAGNETIZAM
MASA
MEHANIKA
MOLEKULA
MOTOR
ČESTICA
BRZINA

18 - Types de Cheveux

```
K  O  V  R  Č  A  V  A  K  R  A  T  A  K
P  Đ  C  J  B  N  A  V  A  R  D  Z  N  V
L  D  B  O  L  R  L  A  S  J  A  J  A  N
E  A  U  D  Z  C  E  L  K  O  V  R  Č  E
T  M  Đ  G  J  C  Ć  O  Z  Z  M  H  G  F
E  K  E  E  O  Đ  M  V  P  Z  E  G  B  D
N  L  M  U  H  Z  I  I  L  M  M  W  E  K
A  H  S  N  U  N  O  T  A  P  T  J  N  T
P  M  I  G  S  E  C  A  V  R  G  H  P  B
T  N  V  L  V  E  F  W  U  Z  Đ  J  C  A
N  A  A  O  E  B  E  D  Š  T  B  U  O  S
A  K  N  R  E  J  H  T  A  U  Đ  E  R  N
V  E  K  A  E  C  I  N  E  T  E  L  P  K
W  M  M  E  K  O  R  B  E  R  S  B  W  R
```

SREBRO	SIVA
BIJELI	DUGO
PLAVUŠA	SMEĐ
KOVRČE	TANAK
SJAJAN	CRNA
ĆELAV	VALOVITA
KRATAK	ZDRAV
MEKAN	SUHO
DEBEO	PLETENICE
KOVRČAVA	PLETENA

19 - Archéologie

```
Z  G  M  E  F  C  D  V  R  G  B  R  S  N
A  O  I  V  C  R  Č  P  O  T  O  M  A  K
B  D  S  A  I  A  A  D  N  Y  R  A  F  A
O  I  T  L  V  N  V  G  O  O  G  R  O  J
R  N  E  U  I  A  I  R  M  B  D  H  S  N
A  E  R  A  L  L  Ž  E  P  E  A  C  I  Č
V  N  I  C  I  I  A  L  R  N  N  I  L  U
I  F  J  I  Z  Z  R  I  O  E  K  T  L  R
O  A  A  J  A  A  T  K  F  P  V  K  I  T
U  Đ  H  A  C  N  S  V  E  O  B  E  T  S
V  I  L  N  I  T  I  I  S  Z  R  J  S  S
T  O  T  S  J  C  J  J  O  N  Y  B  O  N
M  I  B  F  A  Đ  U  A  R  A  R  O  K  I
E  Đ  M  B  O  E  K  I  L  T  O  Y  A  R
```

ANALIZA
GODINE
ISTRAŽIVAČ
CIVILIZACIJA
POTOMAK
STRUČNJAK
DOBA
TIM
EVALUACIJA
FOSIL

FRAGMENTI
NEPOZNAT
MISTERIJA
OBJEKTI
KOSTI
ZABORAVIO
PROFESOR
RELIKVIJA
HRAM
GROB

20 - Mammifères

```
R E S R U T Z C C S Z A H H
B Đ A E L N B W J N V C Z M
G O R I L A Z S B O N G A A
A E B E E K T N B S Z B C Č
J E E N M O D Y Đ I D T I K
T C Z T A L W U J T P I G A
K V B Z J K S A P I M G L C
E O L Z M L L F T I O A C I
I H J C U N O A E S N R F S
Z E C O N M N R M K I B U I
A F E N T V W I K O D V A L
N L U O R J U Ž V N W G U G
U V J L L T I A R J L U N K
T A C B A H M S G F Đ Đ D K
```

KIT	ZEC
MAČKA	LAV
KONJ	VUK
PAS	OVCE
KOJOT	SNOSITI
DUPIN	LISICA
SLON	MAJMUN
ŽIRAFA	BIK
GORILA	TIGAR
KLOKAN	ZEBRA

21 - Chocolat

```
S H K S L A T K O R E C H B
U A L A M O R A Đ S G C Z U
K R S G L K M B V F Z O M F
U P R T D O D D H C O M E I
I G O B O C R V N Z T I N M
K O K O S J Z I H A I L C A
S L R U Đ U A D J T Č J R W
T Š E Ć E R K K B E N E M D
A B O M B O N O Z T O N K Y
N P Đ U Z I K I R I K I K K
A R E C E P T A W L K R O A
Z U K U S N O A S A C L R K
K A R A M E L A M V I V J A
G O R A K Đ J D C K N C Z O
```

GORAK
AROMA
ZANATSKI
BOMBON
KIKIRIKI
KAKAO
KALORIJE
KARAMELA
UKUSNO
SLATKO

EGZOTIČNO
OMILJENI
UKUS
SASTOJAK
KOKOS
PRAH
KVALITETA
RECEPT
OKUS
ŠEĆER

22 - Mathématiques

```
P A R A L E L O G R A M F B
G E O M E T R I J A L C R C
K K N O G I L O P W A M A K
V U L S A P J A C I M O K O
A T E I R R E R S H I F C E
D O L M I A D A M G C J I K
R V A E T V N T R U E P J S
A I R T M O A E R M D T A P
T E A R E K D M E O F N R O
O S P I T U Ž I S F K W Đ N
J P G J I T B R R T V U U E
J T S A K N A E S U M A T N
Z H M E A I D P O S E E A T
F Đ F U G K P R O M J E R K
```

KUTOVI
ARITMETIKA
KVADRAT
OPSEG
DECIMALA
PROMJER
EKSPONENT
JEDNADŽBA
FRAKCIJA
GEOMETRIJA

PARALELNO
PARALELOGRAM
OKOMICA
PERIMETAR
POLIGON
PRAVOKUTNIK
SUMA
SIMETRIJA
TROKUT

23 - Sport

```
G  H  K  D  N  I  I  S  P  R  G  M  T  P
I  Ć  I  Š  I  M  Z  P  N  L  A  M  I  M
T  R  E  N  E  R  D  S  L  A  E  R  J  T
A  D  Z  E  I  D  R  P  J  I  G  S  E  R
R  W  D  A  S  I  Ž  O  O  K  V  A  L  M
I  C  R  L  H  J  L  S  G  S  I  A  O  A
Z  I  A  H  R  E  J  O  G  T  K  P  T  Z
I  L  V  A  A  T  I  B  I  R  A  B  S  I
M  J  L  S  N  A  V  N  N  O  M  L  P  L
I  O  J  R  A  P  O  O  G  P  V  P  O  K
S  W  E  D  R  Z  S  S  S  M  Y  R  I
K  K  O  S  T  I  T  T  N  S  H  Đ  T  C
A  M  E  T  A  B  O  L  I  Č  K  I  A  I
M  A  R  G  O  R  P  C  P  E  M  O  Š  B
```

SPORTAŠ	MAKSIMIZIRATI
SPOSOBNOST	METABOLIČKI
TIJELO	MIŠIĆI
BICIKLIZAM	PLIVATI
PLES	ISHRANA
DIJETA	CILJ
IZDRŽLJIVOST	KOSTI
TRENER	PROGRAM
SNAGA	ZDRAVLJE
JOGGING	SPORTSKI

24 - Mythologie

```
K  O  I  I  G  A  R  H  E  T  I  P  L  S
E  U  A  F  O  R  T  S  A  T  A  K  A  T
J  G  L  A  R  O  M  O  B  U  J  L  B  V
N  U  A  T  I  H  U  L  B  B  Y  T  I  O
A  F  N  R  U  Đ  P  S  J  G  Z  D  R  R
R  Y  O  A  M  R  N  N  B  A  B  P  I  E
A  F  P  M  K  Đ  A  A  S  T  V  K  N  N
V  R  A  T  N  I  K  G  R  E  L  I  T  J
T  I  I  N  B  O  R  A  Č  V  Đ  N  N  E
S  B  E  S  M  R  T  N  O  S  T  T  M  A
U  V  J  E  R  E  N  J  A  O  F  R  U  Z
L  E  G  E  N  D  A  U  L  E  S  M  N  Y
Č  U  D  O  V  I  Š  T  E  P  Đ  S  J  O
P  O  N  A  Š  A  N  J  E  Đ  Đ  G  A  H
```

ARHETIP	JUNAK
KATASTROFA	BESMRTNOST
PONAŠANJE	LJUBOMORA
STVARANJE	LABIRINT
STVORENJE	LEGENDA
UVJERENJA	ČAROBNI
KULTURA	ČUDOVIŠTE
MUNJA	SMRTNIK
SNAGA	GRMLJAVINA
RATNIK	OSVETA

25 - Restaurant #2

```
M  L  V  Y  G  U  I  J  V  K  A  Č  U  R
S  H  O  G  S  K  G  A  H  O  F  I  S  I
O  I  H  U  C  U  M  J  Y  N  V  O  D  A
L  K  L  H  J  S  L  A  W  O  R  I  B  A
Ž  L  I  C  A  N  V  A  T  B  L  C  Z  C
S  T  J  Y  T  O  H  O  O  A  M  N  K  I
P  A  Đ  R  R  I  J  B  Ć  R  U  A  P  L
E  R  L  B  O  N  R  U  J  E  T  Z  L  I
F  E  Y  A  T  I  L  I  R  Ć  U  E  F  V
G  Č  C  N  T  Č  E  F  C  R  Z  R  O  I
E  E  Ć  I  P  A  H  U  J  V  C  H  U  P
Y  V  W  E  L  Z  E  H  R  O  W  A  B  O
D  E  V  P  J  E  P  D  C  P  B  M  U  A
N  Y  C  Đ  D  N  D  S  T  O  L  I  C  A
```

PIĆE	TORTA
STOLICA	LED
ŽLICA	POVRĆE
RUČAK	REZANCI
UKUSNO	JAJA
VEČERA	RIBA
VODA	SALATA
ZAČINI	SOL
VILICA	KONOBAR
VOĆE	JUHA

26 - Beauté

```
M U Š A R M K N B V B V N D
F I L P J G N O P M A Š J N
O D L J A K F P V I Đ Z R W
T O E O A Ž O K W R B O I F
O V L L S Đ W M M V Č T E F
G Z E A A T G J Y I P E Y I
E I G D K Š M I N K A J O B
N O A E I Š K A R E Z W B A
I R N L T S T I L I S T O R
Č P T G E L E G A N C I J A
A E A O M Ž Đ Z V G P N A K
N Z N U Z U S L U G E S Y S
Đ R E M O R F A I J M Z S A
J N R Y K M I R I S E Z S M
```

KOVRČE	MASKARA
ŠARM	OGLEDALO
ŠKARE	MIRIS
KOZMETIKA	KOŽA
BOJA	FOTOGENIČAN
ELEGANCIJA	PROIZVODI
ELEGANTAN	RUŽ
MILOST	USLUGE
ULJA	ŠAMPON
ŠMINKA	STILIST

27 - Avions

```
V  M  L  Z  M  O  T  O  R  D  E  Đ  Y  O
Đ  I  Y  D  F  W  W  O  C  J  V  C  I  O
K  M  O  K  I  D  O  V  L  P  C  F  T  G
P  O  V  I  J  E  S  T  E  I  Z  R  A  K
P  A  I  N  C  S  N  S  V  J  P  T  H  L
A  R  R  T  V  M  E  I  Đ  I  T  N  U  M
V  E  O  U  A  J  B  L  E  B  S  E  P  G
A  F  G  P  O  E  O  A  D  A  C  I  A  A
N  S  V  F  E  R  T  Z  Y  L  L  G  N  D
T  O  A  A  I  L  P  A  M  O  I  Y  N  A
U  M  C  Y  Đ  R  E  K  I  N  H  U  L  S
R  T  A  J  N  D  A  R  G  Z  I  H  Z  O
A  A  L  Z  L  C  W  D  I  O  A  P  J  P
S  L  I  J  E  T  A  N  J  E  V  I  L  D
```

ZRAK	POSADA
ATMOSFERA	NAPUHATI
SLIJETANJE	VISINA
AVANTURA	PROPELERI
BALON	POVIJEST
GORIVO	VODIK
NEBO	MOTOR
IZGRADNJA	PUTNIK
SILAZAK	PILOT
SMJER	

28 - Aventure

```
N  P  A  K  T  I  V  N  O  S  T  N  H  E
O  E  R  L  T  K  T  S  O  D  A  R  R  N
U  D  O  I  I  F  F  O  P  T  K  I  A  T
E  N  R  B  R  B  I  D  A  A  I  Z  B  U
R  I  O  E  I  O  F  G  S  P  L  A  R  Z
O  R  O  D  D  Č  D  H  N  R  I  Z  O  I
E  T  E  L  Z  I  N  A  O  I  R  O  S  J
K  E  F  W  K  D  Š  O  Đ  P  P  V  T  A
F  W  C  N  G  K  S  T  N  R  E  I  Đ  Z
I  T  I  N  E  R  A  R  E  E  R  M  U  A
S  I  G  U  R  N  O  S  T  M  B  G  N  M
T  E  Š  K  O  Ć  A  F  Y  A  Y  R  O  S
P  Y  N  A  V  I  G  A  C  I  J  A  V  I
H  R  Y  G  D  L  J  E  P  O  T  A  O  V
```

AKTIVNOST	IZLET
LJEPOTA	NEOBIČNO
HRABROST	ITINERAR
PRILIKA	RADOST
OPASNO	PRIRODA
ODREDIŠTE	NAVIGACIJA
IZAZOVI	NOVO
TEŠKOĆA	PRIPREMA
ENTUZIJAZAM	SIGURNOST

29 - Ville

```
B A N K A L O K Š C U Đ U Y
D R E K I R Y G J V M F E A
C U T P A V F A N J E Z U M
Đ O Š S J E F K W E F H R U
K L I N I K A U F Ć M A Đ U
L K L O R G Y L A A O P Đ R
J A I T E K R A M R E P U S
E Z Č N L K S N R S U V P H
K A U O A I U Č B A E F I O
A L E I G N L A Y E K D I T
R I V D Z O T R J G L E H E
N Š S A Z Y D Z G O G V P L
A T P T R Ž I Š T E V R H A
C E A S K N J I Ž A R A V Đ
```

ZRAČNA LUKA	KNJIŽARA
BANKA	TRŽIŠTE
PEKARA	MUZEJ
KINO	LJEKARNA
KLINIKA	STADION
ŠKOLA	SUPERMARKET
CVJEĆAR	KAZALIŠTE
GALERIJA	SVEUČILIŠTE
HOTEL	

30 - Ingénierie

```
T D O O S C D E E S A C T Đ
F I W M T U K V O G T P I V
K S M M A R G A J I D R R E
J T J M B O S L I G T E O D
Y R E B I T N N K A U J Y J
D I R N L O L M A F W M I R
S B E O N M T G P G I O G O
O U N C O I G O F U A R H T
S C J D S B A T M Đ W P N A
P I E I T E N E R G I J A C
O J I Z I C I N A Č P U Z I
G A M E J Đ B M R S W V L J
O H P L J N U Č A R Z I M A
N I Z G R A D N J A V K J E
```

KUT	ENERGIJA
OS	SNAGA
IZRAČUN	STROJ
IZGRADNJA	MJERENJE
DIJAGRAM	MOTOR
PROMJER	DUBINA
DIZEL	POGON
DISTRIBUCIJA	ROTACIJA
ZUPČANICI	STABILNOST

31 - Énergie

```
Y  M  R  O  T  O  M  S  E  Đ  H  G  N  R
A  V  A  Y  A  O  Y  E  U  Z  I  C  U  R
U  G  Đ  L  J  E  P  R  A  N  R  S  K  N
O  K  O  L  I  Š  N  L  J  G  C  P  L  N
D  I  V  E  R  V  I  T  I  B  M  E  E  S
M  D  I  Z  T  J  Z  M  R  N  N  B  A  E
T  O  J  I  S  E  N  A  E  O  A  V  R  J
U  V  L  D  U  T  E  W  T  T  P  K  N  N
R  C  V  R  D  A  B  Y  A  O  H  I  I  E
B  H  O  K  N  R  Y  P  B  F  A  J  J  Đ
I  I  N  Č  I  R  T  K  E  L  E  L  O  A
N  K  B  G  O  R  I  V  O  M  B  G  H  G
A  N  O  R  T  K  E  L  E  Đ  D  U  L  A
W  N  F  V  N  M  D  D  D  G  V  E  Z
```

BATERIJA	VODIK
UGLJIK	INDUSTRIJA
GORIVO	MOTOR
TOPLINA	NUKLEARNI
DIZEL	FOTON
ENTROPIJA	ZAGAĐENJE
OKOLIŠ	OBNOVLJIV
BENZIN	SUNCE
ELEKTRIČNI	TURBINA
ELEKTRON	VJETAR

32 - Corps Humain

```
Y  Y  B  Đ  Ž  K  A  U  B  L  T  V  R  P
V  A  R  M  E  M  A  R  S  C  R  T  R  R
S  U  A  B  L  N  W  Y  K  T  U  U  O  S
C  K  D  V  U  O  S  O  N  P  A  V  H  T
D  R  A  Z  D  E  B  U  Đ  U  V  F  I  O
A  V  K  M  A  L  A  K  A  T  A  D  C  M
N  W  U  U  C  J  N  A  Ž  E  L  G  H  E
Z  N  R  D  W  P  H  W  O  C  G  Y  W  I
U  V  K  M  S  F  A  U  K  R  R  E  U  W
V  R  A  Đ  Č  E  L  J  U  S  T  D  P  S
S  J  Z  Đ  T  C  D  C  H  E  K  F  B  V
B  F  O  P  F  I  L  W  C  L  P  C  Y  M
I  S  M  R  B  L  O  A  B  T  H  P  D  W
K  O  L  J  E  N  O  Đ  C  S  K  S  S  T
```

USTA	USNE
MOZAK	RUKA
GLEŽANJ	ČELJUST
VRAT	BRADA
LAKAT	NOS
SRCE	UHO
PRST	KOŽA
ŽELUDAC	KRV
RAME	GLAVA
KOLJENO	LICE

33 - Épices

```
H  B  B  L  Š  A  F  R  A  N  A  T  G  K
C  U  R  R  Y  L  D  O  T  Đ  H  Z  O  A
K  W  H  A  D  K  P  F  E  B  U  E  R  R
O  V  M  P  M  L  Đ  U  M  B  I  R  A  D
R  H  S  A  L  J  M  T  I  O  Đ  O  K  A
I  P  N  P  A  E  I  D  C  K  K  Y  W  M
J  A  C  I  V  A  K  S  I  P  O  U  W  O
A  P  J  F  M  D  V  I  S  H  Đ  E  S  M
N  R  J  F  H  U  C  N  G  L  O  S  J  D
D  I  V  N  Y  N  K  A  U  A  A  L  U  K
E  K  K  I  S  E  L  O  N  Đ  H  T  Đ  E
R  A  Č  E  Š  N  J  A  K  Đ  M  E  K  P
S  Z  G  B  L  K  O  M  O  R  A  Č  Z  I
G  D  P  A  R  V  A  N  I  L  I  J  A  K
```

KISELO	PISKAVICA
ČEŠNJAK	ĐUMBIR
GORAK	LUK
ANIS	PAPRIKA
CIMET	PAPAR
KARDAMOM	SLATKI
KORIJANDER	ŠAFRAN
KUMIN	OKUS
CURRY	SOL
KOMORAČ	VANILIJA

34 - Science

```
A O Y S Č K M Đ A L E F M J
G O N I I E A Đ R L M I I A
Y K H M N M Z K U J A Z N R
V F P S J I I P L O I I E P
D D G U E J N L I I V K R R
Č Đ W C N S A B S S M A A I
L E A U I K G J O B L A L R
G H S C C I R Z F A D E I O
E O E T A M O L E K U L E D
H C I V I N O P O D A C I A
A K J N H C H T M E T O D A
U C K T Y U E J A C A G F V
H I P O T E Z A H F L P P D
E K S P E R I M E N T Y T O
```

ATOM   METODA
KEMIJSKI   MINERALI
KLIMA   MOLEKULE
PODACI   PRIRODA
EKSPERIMENT   ORGANIZAM
ČINJENICA   ČESTICE
FOSIL   FIZIKA
HIPOTEZA

35 - Vêtements

```
J  Y  N  V  Y  U  C  M  W  J  C  N  R  H
L  L  S  A  L  P  Y  Y  P  I  I  A  Z  A
P  A  J  N  K  U  S  A  J  O  P  R  R  L
P  C  Š  D  Ž  E  M  P  E  R  E  U  U  J
U  I  J  A  K  N  A  N  C  I  L  K  K  I
H  L  A  Č  E  Đ  U  V  I  Š  A  V  A  N
P  R  E  G  A  Č  A  W  R  E  M  I  V  A
T  G  L  I  J  D  L  F  E  Š  A  C  I  E
G  O  A  B  L  C  O  J  P  U  Ž  A  C  I
I  Z  D  E  U  B  O  M  A  J  D  O  E  K
L  I  N  E  Š  H  L  N  R  H  I  V  Đ  T
G  R  A  W  O  K  A  U  T  U  P  A  K  D
P  H  S  M  K  C  C  H  Z  R  A  B  B  V
N  Y  A  C  T  S  Y  H  V  A  K  R  O  Đ
```

NARUKVICA	SUKNJA
POJAS	KAPUT
ŠEŠIR	MODA
CIPELA	HLAČE
KOŠULJA	DŽEMPER
BLUZA	PIDŽAMA
OGRLICA	HALJINA
ŠAL	SANDALE
RUKAVICE	PREGAČA
TRAPERICE	JAKNA

36 - Méditation

```
L  J  U  B  A  Z  N  O  S  T  D  C  D  S
T  I  Š  I  N  A  Y  P  A  P  D  J  R  Z
T  E  R  K  O  P  E  W  Z  I  F  P  Ž  O
A  J  N  Ž  A  P  A  P  K  M  G  E  A  S
V  N  A  D  O  R  I  R  P  R  D  K  N  U
I  A  T  S  O  N  L  A  V  H  A  Z  J  O
T  R  D  C  N  A  D  U  B  V  B  N  E  S
K  T  U  E  S  O  N  L  A  T  N  E  M  J
E  A  E  J  N  A  Ć  A  V  H  I  R  P  E
P  M  P  I  A  B  C  A  V  L  M  I  L  Ć
S  O  V  C  R  Z  R  F  K  I  H  M  F  A
R  R  W  O  I  A  Y  K  U  T  K  T  M  N
E  P  W  M  M  L  D  W  M  K  M  E  C  J
P  M  M  E  M  G  D  I  S  A  N  J  E  E
```

PRIHVAĆANJE	MENTALNO
PAŽNJA	POKRET
MIRAN	GLAZBA
JASNOĆA	PRIRODA
SUOSJEĆANJE	PROMATRANJE
EMOCIJE	MIR
BUDAN	PERSPEKTIVA
LJUBAZNOST	DRŽANJE
ZAHVALNOST	DISANJE
NAVIKE	TIŠINA

37 - Littérature

```
Z  A  K  L  J  U  Č  A  K  Y  O  L  Z  R
L  R  G  W  K  T  I  R  N  H  P  U  R  U
G  N  M  S  F  H  O  Y  U  L  I  T  S  L
E  Y  S  F  H  I  K  Č  I  N  S  E  J  P
T  E  M  A  J  I  C  K  I  F  F  N  N  H
E  J  J  V  W  A  Z  I  L  A  N  A  S  A
P  J  E  S  M  A  A  D  I  J  A  L  O  G
U  S  P  O  R  E  D  B  A  P  M  M  D  T
A  N  A  L  O  G  I  J  A  B  O  R  I  C
B  I  O  G  R  A  F  I  J  A  R  I  D  R
A  N  E  G  D  O  T  A  Y  B  C  T  J  O
P  R  I  P  O  V  J  E  D  A  Č  A  B  T
S  Z  J  R  A  R  O  F  A  T  E  M  H  U
C  T  R  A  G  E  D  I  J  A  I  W  U  A
```

ANALOGIJA	METAFORA
ANALIZA	PRIPOVJEDAČ
ANEGDOTA	PJESMA
AUTOR	PJESNIČKI
BIOGRAFIJA	RIMA
USPOREDBA	ROMAN
ZAKLJUČAK	RITAM
OPIS	STIL
DIJALOG	TEMA
FIKCIJA	TRAGEDIJA

38 - Nourriture #1

```
B P R Ć E Š S V R W L M Z
O W H Z U B P A V A K E L Đ
S J U H A N I N U D M Y I V
I C Đ T P I N U M I L N J R
L K P M P E A T A L A S E Đ
J C I M E T T D L W P W K M
A O J R E P A M O B V J O Č
K N E M F G L E K G J F U E
K B Č R R N J S E V A H S Š
S Z A V D K L O J P S J L N
G O M W Y C V C S T R A U J
R F L P U L I A K Š U R K A
W M G S C K D I R V I K O K
E P E Đ U M M W I J C W S U
```

ČEŠNJAK	REPA
BOSILJAK	LUK
KAVA	JEČAM
CIMET	KRUŠKA
MRKVA	SALATA
LIMUN	SOL
ŠPINAT	JUHA
JAGODA	ŠEĆER
SOK	TUNA
MLIJEKO	MESO

39 - Jours et Mois

```
P  B  B  L  Z  M  D  Đ  K  V  K  D  V  J
L  E  I  L  Z  J  I  U  P  E  O  N  C  N
G  I  T  H  J  E  R  T  R  L  L  P  B  A
A  Đ  S  A  V  S  R  O  R  J  O  Đ  R  Č
K  D  R  T  K  E  D  R  U  A  V  Đ  T  E
Y  F  A  D  O  C  G  A  J  Č  O  I  A  J
Z  R  D  N  K  P  K  K  A  A  Z  I  S  I
C  G  N  A  K  J  A  I  N  E  D  U  T  S
T  J  E  D  A  N  T  D  Z  B  R  L  V  V
H  N  L  E  J  A  R  Y  V  A  B  I  H  E
J  A  A  J  U  V  V  I  N  T  E  P  W  C
K  P  K  I  Ž  A  T  O  B  U  S  A  R  B
N  R  A  R  O  R  E  D  R  D  Y  N  I  J
C  S  G  S  S  T  Č  U  V  Đ  D  J  E  J
```

KOLOVOZ	OŽUJAK
TRAVANJ	SRIJEDA
KALENDAR	MJESEC
VELJAČA	STUDENI
SIJEČANJ	LISTOPAD
ČETVRTAK	SUBOTA
SRPANJ	TJEDAN
LIPANJ	RUJAN
UTORAK	PETAK

40 - Jardinage

```
B  C  V  J  E  T  N  I  S  O  O  D  E  Đ
O  N  Č  I  T  O  Z  G  E  B  L  I  S  T
T  P  R  L  J  A  V  Š  T  I  N  A  W  A
A  G  A  L  V  G  I  T  P  L  Đ  E  M  S
N  K  C  O  L  T  P  Đ  Đ  E  E  T  C  J
I  O  O  V  I  T  S  E  J  V  I  W  K  E
Č  M  S  E  I  K  S  N  O  Z  E  S  O  M
K  P  A  J  V  J  F  B  V  Y  P  D  N  E
I  O  W  I  O  L  E  Ć  Š  I  L  C  T  N
K  S  B  R  Ć  B  A  T  S  R  V  D  E  K
V  T  S  C  N  J  M  V  E  N  O  K  J  E
B  O  N  W  J  B  I  S  M  K  V  H  N  V
R  E  D  M  A  W  L  O  W  S  U  T  E  W
I  Y  Đ  A  K  Y  K  W  E  S  M  B  R  P
```

BOTANIČKI	CVIJET
BUKET	CVJETNI
KLIMA	SJEMENKE
JESTIVO	VLAGA
KOMPOST	KONTEJNER
VODA	SEZONSKI
VRSTA	PRLJAVŠTINA
EGZOTIČNO	TLO
LIŠĆE	CRIJEVO
LIST	VOĆNJAK

41 - Entreprise

```
T R A N S A K C I J A F D B
D P E K O N O M I J A S G S
P K A R I J E R A D O B I T
L O T V R T K A T R O Š A K
U Z S P O R E Z I S Z D Đ B
V A G L F P P R I H O D V L
R P M E O F I N A N C I J E
O O B J U D P R O R A Č U N
B S V N R R A C I N R O V T
A L V A Y H E V I S D N V T
I E F G L T T D A T U O B O
B N U A T U O O N C Ć V U F
A I C L M V T N M W A A O P
P K T U J P A E E N C A P
```

NOVAC   EKONOMIJA
DUĆAN   FINANCIJE
PRORAČUN   POREZI
URED   ULAGANJE
KARIJERA   ROBA
TROŠAK   DOBIT
VALUTA   PRIHOD
POSLODAVAC   TRANSAKCIJA
ZAPOSLENIK   TVORNICA
TVRTKA

42 - Activités

```
A K T I V N O S T I A V O L
I N T E R E S I U H Đ J S D
V F C T E J N E Č A Š E J P
V R S L I K A S E L P Š B Đ
K O T S O N T E J M U T T Y
M A B L Đ Z O R N V O I I D
A K M R A B V G A R I N U S
G E E P T R T I T N S A O T
I R Z S I T S Š I V A N J E
J A U N I R R Č B S Y O J
A M S S Z C A E V V B B U D
C I K B G G B N G O A G U J
P K L A J O I U J M Z U V C
O A Đ N N T R R W E H M F Z
```

AKTIVNOST	INTERESI
UMJETNOST	VRTLARSTVO
OBRT	IGRE
KAMPIRANJE	ČITANJE
KERAMIKA	MAGIJA
LOV	SLIKA
VJEŠTINA	RIBARSTVO
ŠIVANJE	PJEŠAČENJE
PLES	

43 - Fleurs

```
P  V  W  H  K  G  A  R  D  E  N  I  J  A
U  L  A  W  K  R  O  U  M  N  E  M  M  J
H  T  U  L  F  U  O  Ž  G  A  E  A  E  E
L  R  K  M  T  Ž  Y  O  K  J  K  N  K  D
A  A  N  H  E  A  J  B  A  L  G  I  W  I
T  T  M  I  K  R  M  M  A  I  N  L  B  H
I  I  A  B  U  C  I  H  G  J  Đ  E  Z  R
C  N  S  I  B  Đ  W  J  P  L  R  T  V  O
A  Č  L  S  N  I  M  S  A  J  V  E  Y  L
D  I  A  K  M  A  G  N  O  L  I  J  A  I
F  C  Č  U  L  A  V  A  N  D  A  D  K  L
U  A  A  S  I  C  R  A  N  C  B  H  L  A
Đ  J  K  T  Đ  S  U  N  C  O  K  R  E  T
L  T  U  L  I  P  A  N  L  Z  R  Y  Z  W
```

BUKET	ORHIDEJA
GARDENIJA	MAK
HIBISKUS	LATICA
JASMIN	MASLAČAK
NARCIS	BOŽUR
LAVANDA	PLUMERIJA
LILA	RUŽA
LJILJAN	SUNCOKRET
MAGNOLIJA	DJETELINA
TRATINČICA	TULIPAN

44 - Nourriture #2

```
P O G N A M U L P K C R Č U
B B L B F P H N Y K Z I O R
A Y J A K U B A J Z T Ž K M
K I I N G R O Ž Đ E R A O G
Đ R V A D L P D E I I K L M
K P A N K I V I P G B N A H
J R Š A S Đ Đ L G R A U D S
E B U E A Z W T O Z N Š A Y
Z Y C H N L Y A C M I D J Y
B A D E M I J P E G T N N N
V K L K R P C O L S E T Š T
B R O K U L A A E T L T E D
A L A C I Č J A R G I G R V
E J A J E P H P U V P J T U
```

BADEM	KIVI
PATLIDŽAN	MANGO
BANANA	JAJE
PŠENICA	KRUH
BROKULA	RIBA
TREŠNJA	JABUKA
CELER	PILETINA
GLJIVA	GROŽĐE
ČOKOLADA	RIŽA
ŠUNKA	RAJČICA

45 - Algèbre

```
V M B K C B W P R O T K A F
O A I M Đ Y O R J N F K U F
F R R I L O L O E Ž R O C O
M G L I N N E B Š A A L Y R
A A Z Y J Č D L E L K I L M
T J P Đ J A H E N G C Č I U
R I W V Y N B M J R I I N L
I D Z Y H O D L E A J N E A
C N S F L K M R A F A A A D
A S U B D S U M A I B R R A
U V H L H E N Z N K R D N R
Y D T U A B T N V O O K I G
J E D N A D Ž B A N J U S A
R E K S P O N E N T Z A B Z
```

DIJAGRAM   MATRICA
EKSPONENT   BROJ
JEDNADŽBA   ZAGRADA
FAKTOR   PROBLEM
LAŽNO   KOLIČINA
FORMULA   RJEŠENJE
FRAKCIJA   SUMA
GRAFIKON   VARIJABLA
BESKONAČNO   NULA
LINEARNI

46 - Océan

```
V A L O V I U A Đ U M Đ W T
K L A P T U T K V E E G V U
I P A J L U G E J Ž D C J N
F D L L O Č A M A C U K A A
P Đ G Đ S Đ T H L W Z P I A
O A E R A K M W V I A L S T
L C S B A G P T N P Č Z R G
U I O C A C I N E M A K I R
J N U M S J A W Z A J J B E
A T W T S N L Z B K N A A B
M O R S K I P A S Š R I F E
W B B B C P K Z R B O R L N
C O C C C U S L P O K O T A
I H L U U D G N L P K C C H
```

ALGE
JEGULJA
KIT
ČAMAC
KORALJA
RAK
ŠKAMPI
DUPIN
SPUŽVA
KAMENICA

MEDUZA
RIBA
HOBOTNICA
MORSKI PAS
GREBEN
SOL
OLUJA
TUNA
KORNJAČA
VALOVI

47 - Antiquités

```
S U C M F O T A I V S S O K
L Đ K W M B M R D R T T P O
I E V R W K J V C I O A O V
K J L U A O M Đ D J L R S A
E N S E P S M J I E J M R N
C A K U G U N U Z D E S G I
H G U H M A A O T N Ć T A C
O A L P I J N R I O E I L E
B L P T J I E T K S V L E L
N U T I Đ C J T A T O A R U
O R U C A K I K N N W A I Z
V I R J W U C B G O C P J Y
A A A H L A R V N G S H A F
N E O B I Č N O C F H T V S
```

UMJETNOST   KOVANICE
NAKIT   CIJENA
UKRASNO   OBNOVA
AUKCIJA   SKULPTURA
ELEGANTAN   STOLJEĆE
GALERIJA   STIL
NEOBIČNO   VRIJEDNOST
ULAGANJE   STAR
SLIKE

48 - Boxe

```
P R O T I V N I K B R A D A
O L E J I T D S C U C H A I
D Z C O F T Y L A R P B Ž A
U Š I T S L T S S K I K U Z
D A V J E Š T I N A G A N S
A K A W D B G S R D N V E T
R A K T E P O N O V Z A J O
A E U J J C Z R B L O R L Č
C U R R L O J S A W Z O P K
O B V N Z A K F S C R P R E
T V B J O H K U D P Z O C T
W O R Z E D Đ A T W F R S H
E V C H A T R J T P J K I F
S U D A C P U Y N W A K Đ C
```

PROTIVNIK	UDARAC
SUDAC	ISCRPLJEN
OZLJEDE	SNAGA
ZVONO	RUKAVICE
KUT	BRADA
BORAC	ŠAKA
VJEŠTINA	TOČKE
UŽAD	BRZ
TIJELO	OPORAVAK
LAKAT	

49 - Ballet

```
S  B  O  L  O  S  F  V  W  M  S  V  N  W
K  M  V  R  I  G  A  B  Z  A  L  G  G  A
L  I  T  S  K  Z  R  N  Y  T  I  J  E  N
A  A  S  F  A  E  R  A  M  I  Š  I  Ć  I
D  T  G  B  S  O  S  A  C  R  I  Đ  Đ  T
A  E  I  Y  E  P  N  T  Ž  I  T  B  M  Š
T  H  N  T  J  U  O  T  A  A  O  D  B  E
E  N  F  H  L  B  B  C  H  R  J  Z  N  J
L  I  M  V  P  L  G  E  S  T  A  A  A  V
J  K  A  A  N  I  R  E  L  A  B  Đ  N  N
W  A  C  E  I  K  Č  I  N  T  E  J  M  U
J  A  J  I  F  A  R  G  O  E  R  O  K  F
I  N  T  E  N  Z  I  T  E  T  K  F  H  O
B  S  A  B  O  R  P  L  E  S  A  Č  I  A
```

PLJESAK	INTENZITET
UMJETNIČKI	MIŠIĆI
BALERINA	GLAZBA
KOREOGRAFIJA	ORKESTAR
VJEŠTINA	PUBLIKA
SKLADATELJ	PROBA
PLESAČI	RITAM
IZRAŽAJAN	SOLO
GESTA	STIL
GRACIOZAN	TEHNIKA

50 - Fruit

```
L G R O Ž Đ E T Y N I U K K
C I P A P A J A R P F J I Đ
W P M T O Č E K L E L J V A
B E Y U D N A A O N Š P I A
P F O G N A M H K R A N J S
Z K A G Y R C L R I V M J N
S A N A N A V A U G O A B A
M V A O L N E V Š R K R R M
B K K G G K W I K J A E E N
E O U Z A G I J A M D L S D
R M B E O L D L U V O I K I
S S A I E B C Š K D Đ C V N
H R J F C B A N A N A A A J
Z D Z W F A N I L A M Z K A
```

MARELICA	KIVI
ANANAS	MANGO
AVOKADO	DINJA
BOBICA	NARANČA
BANANA	PAPAJA
TREŠNJA	BRESKVA
LIMUN	KRUŠKA
SMOKVA	JABUKA
MALINA	ŠLJIVA
GUAVA	GROŽĐE

51 - Musique

```
M  L  B  Z  K  B  D  U  Y  M  O  S  L  H
I  I  E  V  I  T  A  V  E  J  P  N  J  A
K  R  H  O  N  N  L  L  Y  V  M  I  O  R
R  S  A  K  E  W  K  H  A  M  E  M  V  M
O  K  J  A  B  K  S  R  C  D  T  A  Z  O
F  I  I  L  Z  Z  L  L  I  P  A  N  N  N
O  C  D  N  A  H  K  A  O  T  Z  J  A  I
N  O  O  I  L  V  I  R  S  A  A  E  Č  J
V  P  L  C  G  A  Z  E  L  I  D  M  I  S
P  J  E  V  A  Č  U  P  W  J  Č  F  M  K
G  I  M  B  E  N  J  O  V  L  Z  N  T  I
E  T  A  A  F  L  M  U  B  L  A  D  I  P
P  J  E  S  N  I  Č  K  I  N  I  Đ  R  W
Z  G  I  N  S  T  R  U  M  E  N  T  S  S
```

ALBUM	MELODIJA
BALADA	MIKROFON
PJEVATI	MJUZIKL
PJEVAČ	GLAZBENIK
KLASIČNI	OPERA
SNIMANJE	PJESNIČKI
SKLAD	RITAM
HARMONIJSKI	RITMIČAN
INSTRUMENT	TEMPO
LIRSKI	VOKALNI

52 - Météo

```
G G A T K M D T Đ P U B P N
T O R N A D O Z T O C M O H
S D E L L B O N O L M K V E
D Đ F D B M Đ A T A Đ Đ J L
G Y S L O J O Z S R Đ U E P
L R O M O C O N S N R R T N
L V M E I T V T S I E A A E
J J T L S Z B T A U J G R B
S E A A J U L O M J N A A O
U T L G Y A Š N I Đ F N C G
H A G U S A V A L P O P V I
O R A D O Đ T I K S P O R T
Y G M Đ G W T V N O M J T P
C A Z H T E C Đ G A C J P P
```

DUGA
ATMOSFERA
POVJETARAC
MAGLA
NEBO
KLIMA
LED
POPLAVA
MONSUN
OBLAK

URAGAN
POLARNI
SUHO
SUŠA
OLUJA
GRMLJAVINA
TORNADO
TROPSKI
VJETAR

53 - L'Entreprise

```
P  D  E  L  G  U  I  C  I  Z  I  R  M  P
U  J  J  L  G  V  I  G  D  A  A  K  P  R
P  L  N  W  P  Y  N  T  O  P  J  J  O  I
G  L  A  G  I  Z  G  W  V  O  I  Z  E  H
G  L  V  G  B  F  W  F  Z  Š  C  H  N  O
P  E  O  O  A  T  E  T  I  L  A  V  K  D
O  J  L  B  R  N  J  O  O  J  T  K  W  K
D  S  S  Đ  A  B  J  T  R  A  N  A  B  R
L  U  O  F  M  L  E  E  P  V  E  D  C  E
U  F  P  K  L  G  N  Z  B  A  Z  E  H  S
K  T  L  L  Đ  I  V  O  D  N  E  R  T  U
A  P  L  A  Ć  E  T  D  B  J  R  P  Z  R
K  R  E  A  T  I  V  N  I  E  P  A  A  S
I  N  D  U  S  T  R  I  J  A  E  N  W  I
```

POSLOVANJE
KREATIVNI
ODLUKA
ZAPOŠLJAVANJE
GLOBALNO
INDUSTRIJA
ULAGANJE
PREZENTACIJA
PROIZVOD

NAPREDAK
KVALITETA
RESURSI
PRIHOD
UGLED
RIZICI
PLAĆE
TRENDOVI

54 - Gouvernement

```
P D N R U E I K S D U S N U
R C C H V T D A G R M R G D
A D Đ Đ Z J C U O Ž U D V W
V P A W B K V A R A H F Y I
D O V T S N A J L V A Ž R D
A R A S P R A V A A U L V E
N A R O D J E D N A K O S T
G N P D E M O K R A C I J A
O O N E Z A V I S N O S T M
K K V P O L I T I K A U R I
R A A O G R A Đ A N S K I R
U Z T Đ R S P O M E N I K N
G I S S L O B O D A Z B M O
D U U S I M B O L Z J Y W Z
```

DRŽAVLJANSTVO	NEZAVISNOST
GRAĐANSKI	SUDSKI
USTAV	PRAVDA
DEMOKRACIJA	SLOBODA
GOVOR	ZAKON
RASPRAVA	SPOMENIK
OKRUG	NAROD
PRAVA	MIRNO
JEDNAKOST	POLITIKA
DRŽAVA	SIMBOL

55 - Randonnée

```
D  O  Ž  I  V  O  T  I  N  J  E  U  Č  P
E  P  I  Č  C  O  K  O  R  P  J  M  I  R
C  A  R  I  L  D  Z  A  E  I  S  O  Z  I
D  S  W  D  D  I  S  N  M  W  P  R  M  P
L  N  J  O  E  V  Đ  I  E  E  Y  N  E  R
I  O  W  V  I  L  T  N  J  D  N  I  I  E
T  S  P  Z  V  J  A  A  I  Z  Y  J  V  M
I  T  Z  C  O  I  D  L  R  G  J  Z  E  A
C  I  L  U  K  H  O  P  V  D  E  Y  K  D
A  W  B  D  R  L  R  S  U  N  C  E  T  O
P  E  J  N  A  R  I  P  M  A  K  M  E  V
F  O  G  V  P  N  R  M  A  O  C  M  Š  V
U  N  T  T  D  G  P  B  A  T  R  A  K  P
O  R  I  J  E  N  T  A  C  I  J  A  A  R
```

ŽIVOTINJE	TEŠKA
ČIZME	VRIJEME
KAMPIRANJE	PLANINA
KARTA	PRIRODA
KLIMA	ORIJENTACIJA
OPASNOSTI	PARKOVI
VODA	KAMENJE
LITICA	PRIPREMA
UMORNI	DIVLJI
VODIČI	SUNCE

56 - Nutrition

```
Z D R A V I V Y J T Z S P E
U S V T U N I O Đ O S A R W
R C I E N I Ć U K E T S O D
A G T T F E A N I Ž E T B B
V O A I N T T G N V K O A A
N R M L E O E O I N Z J V P
O A I A V R J E Č C G C A E
T K N V L P I T A D C I H T
E S U K O Y D A Z U M A K I
Ž R V G Z D R A V L J E V T
E J I R O L A K W F Y H L K
N I Z H J E S T I V O A S V
J C I J V Đ A S H W B F U L
V R E N J E T O K S I N J I
```

GORAK
APETIT
KALORIJE
JESTIVO
DIJETA
PROBAVA
ZAČINI
URAVNOTEŽEN
VRENJE
SASTOJCI

TEKUĆINE
TEŽINA
PROTEINI
KVALITETA
ZDRAV
ZDRAVLJE
UMAK
OKUS
TOKSIN
VITAMIN

57 - Créativité

```
E N M N A Č I T A M A R D U
M J A W K O N A T N O P S M
O F Š B I N T U C O N F V J
C Z T I L L E T J U L R J E
I B A Y S S N E J E D I E T
J J N R E L Z N G T J V Š N
E A O L Z N I T Z M N L T I
E Ć V I G I T I I F N O I Č
Y E D V V W E Č A S N O N K
A J I C I U T N I O M B A I
D S K G C T S O N D I U L F
H O O M Y S K S E P Đ A W G
J A S N O Ć A T R U P O K W
E Đ V I Z I J E D O J A M J
```

UMJETNIČKI
AUTENTIČNOST
JASNOĆA
VJEŠTINA
DRAMATIČAN
IZRAZ
EMOCIJE
FLUIDNOST
IDEJE

SLIKA
MAŠTA
DOJAM
INTENZITET
INTUICIJA
OSJEĆAJ
SPONTANO
VIZIJE

58 - Science Fiction

```
Z  A  J  I  S  K  A  L  A  G  C  R  R  E
M  A  Z  L  L  U  R  O  E  E  F  O  U  K
F  S  M  P  O  N  L  A  E  R  L  B  E  S
O  A  J  I  Z  U  L  I  J  E  D  O  N  P
P  S  I  A  Š  S  A  J  J  N  Đ  T  A  L
K  R  P  V  N  L  J  F  I  A  O  I  Č  O
N  K  O  F  B  O  J  V  R  T  N  S  I  Z
J  B  L  R  D  C  Đ  E  A  O  I  V  T  I
I  S  K  R  O  T  H  N  M  K  A  S  J
G  R  Y  I  Č  S  J  E  S  N  T  A  A
E  F  P  A  F  I  I  F  C  K  R  R  T
P  L  A  N  E  T  A  Š  S  I  O  A  N  A
S  V  I  J  E  T  A  F  T  A  U  I  A  P
A  J  I  G  O  L  O  N  H  E  T  Y  F  D
```

ATOMSKI
KINO
EKSPLOZIJA
KRAJNOST
FANTASTIČAN
VATRA
GALAKSIJA
ILUZIJA
ZAMIŠLJEN

KNJIGE
SVIJET
PROROČIŠTE
PLANETA
REALNO
ROBOTI
SCENARIJ
TEHNOLOGIJA

59 - Professions #1

```
B  T  Z  A  M  B  A  S  A  D  O  R  C  P
A  R  T  N  O  D  V  J  E  T  N  I  K  L
N  E  M  R  A  T  A  L  Z  K  W  J  I  E
K  N  T  M  O  N  O  R  T  S  A  T  N  S
A  E  V  K  H  F  S  H  C  Y  K  S  E  A
R  R  V  B  V  P  T  T  A  E  M  I  B  Č
P  S  I  H  O  L  O  G  V  S  K  N  Z  I
A  U  F  A  Z  L  V  O  O  E  I  A  A  C
K  I  N  Č  E  J  I  L  L  B  N  J  L  A
Y  Y  H  D  I  I  I  O  C  Y  T  I  G  K
J  S  F  F  G  Y  W  E  H  K  E  P  K  J
U  R  E  D  N  I  K  G  J  D  J  U  I  C
R  A  Č  U  N  O  V  O  Đ  A  M  B  T  B
V  A  T  R  O  G  A  S  A  C  U  P  W  F
```

AMBASADOR
UMJETNIK
ASTRONOM
ODVJETNIK
BANKAR
ZLATAR
LOVAC
RAČUNOVOĐA
PLESAČICA

TRENER
UREDNIK
GEOLOG
LIJEČNIK
GLAZBENIK
PIJANIST
VATROGASAC
PSIHOLOG
ZNANSTVENIK

60 - Géologie

```
G N K I S E L I N A N O Z E
S E A P A M V V E D T E M R
T J J T E V R S M K R E S O
A L P Z K U L N A K L U V Z
L P M K I U I M K V H P A I
A O G A L R O U C P H P V J
K T S N A N K O R A L J A A
T S U G R N E T A N S O L D
I A P E E U V A V R K L I U
T R E O N S N L K E H S S F
O P K M I Đ F P Y V J E O Đ
D Đ O K M V K V S A I P F H
K O N T I N E N T K R R D B
K A L C I J K R I S T A L I
```

KISELINA
KALCIJ
KAVERNA
KONTINENT
KORALJA
SLOJ
KRISTALI
EROZIJA
RASTOPLJEN
FOSIL

GEJZIR
LAVA
MINERALI
KAMEN
PLATO
KVARC
SOL
STALAKTIT
VULKAN
ZONA

61 - Cirque

```
Š  R  P  V  M  M  Đ  P  Y  E  Y  B  S  G
M  A  I  O  R  T  A  B  O  R  K  A  L  L
A  C  T  K  K  R  Y  J  V  B  F  L  O  E
G  I  A  O  N  A  B  V  M  H  W  O  N  D
I  N  J  K  R  G  Z  U  M  U  C  N  U  A
J  Z  L  T  Z  I  T  A  O  S  N  I  A  T
A  A  V  A  L  T  L  D  T  J  Y  O  L  E
Đ  L  A  B  Z  A  L  G  N  I  Z  K  K  L
Z  U  B  Č  A  R  O  B  N  J  A  K  U  J
L  L  A  Z  L  M  Ž  O  N  G  L  E  R  Y
Đ  W  Z  Ž  I  V  O  T  I  N  J  E  C  O
S  P  E  K  T  A  K  U  L  A  R  A  N  U
D  P  A  R  A  D  A  K  O  S  T  I  M  G
Z  F  C  T  S  N  V  S  Z  V  R  Z  L  A
```

AKROBAT	ČAROBNJAK
ŽIVOTINJE	MAGIJA
BALONI	POKAZATI
ULAZNICA	GLAZBA
KLAUN	PARADA
KOSTIM	MAJMUN
ZABAVLJATI	SPEKTAKULARAN
SLON	GLEDATELJ
ŽONGLER	ŠATOR
LAV	TIGAR

62 - Jardin

```
C  T  M  U  G  Y  R  F  W  G  J  C  E  T
G  A  R  A  Ž  A  Đ  A  S  A  R  E  T  R
A  N  G  Z  S  P  D  Ć  Đ  E  H  G  G  A
C  T  L  O  R  M  T  E  J  I  V  C  R  M
N  R  T  L  I  L  R  S  C  N  A  S  A  P
E  O  I  U  L  D  M  I  M  I  N  Đ  B  O
T  K  A  J  N  Ć  O  V  B  C  H  W  L  L
R  G  D  L  E  I  W  A  K  N  F  R  J  I
A  C  A  I  O  V  M  N  D  J  J  P  E  N
V  C  R  O  T  P  O  T  R  J  B  A  A  D
A  N  G  D  G  K  A  K  L  U  P  A  K  S
U  O  O  Đ  U  G  P  T  G  Y  N  V  R  T
T  R  A  V  N  J  A  K  A  K  O  R  O  V
L  U  E  L  R  D  R  V  O  M  W  B  W  N
```

DRVO	KOROV
KLUPA	LOPATA
GRM	TRAVNJAK
OGRADA	GRABLJE
RIBNJAK	TLO
CVIJET	TERASA
GARAŽA	TRAMPOLIN
VISEĆA	CRIJEVO
TRAVA	VOĆNJAK
VRT	LOZA

63 - Santé et Bien Être #1

```
H  O  G  W  C  Z  L  L  Z  E  O  R  Đ  L
O  Z  L  E  A  K  I  N  I  L  K  P  I  J
R  L  A  E  J  I  J  W  O  B  D  Đ  M  E
M  J  D  V  I  N  E  J  N  A  Ž  R  D  K
O  E  H  I  P  Č  Č  Y  E  D  C  N  V  A
N  D  Y  S  A  E  E  K  E  U  V  N  N  R
I  A  M  I  R  J  N  Đ  A  U  L  A  G  N
O  I  I  N  E  I  J  S  U  R  I  V  V  A
R  G  Z  A  T  L  E  L  O  M  J  I  P  P
M  I  Š  I  Ć  I  E  W  N  H  E  K  J  N
D  A  A  K  T  I  V  A  N  K  K  A  L  J
B  A  K  T  E  R  I  J  E  N  O  Đ  M  L
K  O  S  T  I  B  V  W  I  S  V  Ž  H  G
R  E  F  L  E  K  S  Đ  E  Đ  P  U  A  V
```

AKTIVAN	LIJEK
BAKTERIJE	MIŠIĆI
OZLJEDA	KOSTI
KLINIKA	KOŽA
GLAD	LJEKARNA
LOM	DRŽANJE
NAVIKA	REFLEKS
VISINA	TERAPIJA
HORMONI	LIJEČENJE
LIJEČNIK	VIRUS

64 - Barbecues

```
P S R A P A P K E C M N R V
I B O V O Ć E R G I A T A E
L E Š L U K Ć S W V L C J Č
E F T R P B U V A B Đ E Č E
T W I O V D R P J L C F I R
I E L O S F V C W N A M C A
N O J P O B I T E L J T E B
A K F F O U M A K M E N E Z
N U N J T V D J E C A Z J A
Đ O I E E J R I W R N U T L
N D Ž D J C T Ć I U R A N G
M D G E L P V S E Č H E V R
O I A F V Đ W B D A L G Z N
A L Đ F J I N A P K A C O M
```

VRUĆE	IGRE
NOŽEVI	POVRĆE
RUČAK	GLAZBA
VEČERA	LUK
DJECA	PAPAR
LJETO	PILETINA
GLAD	SALATE
OBITELJ	UMAK
VOĆE	SOL
ROŠTILJ	RAJČICE

65 - Animaux de Compagnie

```
R P L N K I I V R E T Š U G
I U A P O W I C E Z W G R F
B V I S Z G B E P A Š P V F
A J A Č A J N R O K B A Đ T
C Đ E I Đ B B W J R P P B T
R R Đ O T Y B N F O Đ I B A
I A O B A U E Y N F T G S N
F N G V M Š T E N E J A P L
A I V Y R I S G A N D K Đ G
K R A V A A Š E Y D R A L H
A E K A Y I T U Y E M N I R
Č T Č W J V C N A I A D D A
R E A V O D A L I J Č Ž E N
H V M V G D T Đ N K E E P A
```

MAČKA	GUŠTER
MAČE	HRANA
KOZA	ŠAPE
PAS	PAPIGA
ŠTENE	RIBA
OVRATNIK	REP
VODA	MIŠ
KANDŽE	KORNJAČA
HRČAK	KRAVA
ZEC	VETERINAR

66 - Forêt Tropicale

```
P  V  N  E  V  I  O  P  Z  D  U  W  O  K
H  F  R  C  T  R  R  L  Z  Ž  O  S  N  D
W  F  D  I  O  Đ  S  W  Đ  U  T  C  O  I
I  W  C  T  J  B  E  T  R  N  I  T  T  V
C  Z  W  P  E  E  L  J  A  G  F  H  H  L
M  O  M  T  J  M  D  A  C  L  P  W  O  G
E  A  A  L  N  Y  F  A  C  A  N  M  T  J
Z  I  C  V  A  S  I  S  N  I  C  K  U  K
O  B  N  O  V  A  C  I  N  D  E  J  A  Z
D  S  A  D  O  R  I  R  P  N  I  E  M  L
O  C  T  E  T  Š  I  Č  O  T  U  L  I  P
V  B  Y  O  Š  H  H  H  L  C  M  J  L  S
R  A  Z  N  O  L  I  K  O  S  T  H  K  L
K  Z  Đ  B  P  O  Č  U  V  A  N  J  E  W
```

VODOZEMCI	PRIRODA
KLIMA	OBLACI
ZAJEDNICA	PTICE
RAZNOLIKOST	VRIJEDAN
VRSTA	OČUVANJE
AUTOHTONO	UTOČIŠTE
KUKCI	POŠTOVANJE
DŽUNGLA	OBNOVA
SISAVCI	

67 - Ferme #1

```
F N V N Y Đ M K N R H P Y Z
B T O S O S A Z O K E I I P
G K D Z V B Č Y N N E L E T
G M A E I I K D E M J E O A
V A Ž J J B A A J F H T R K
E G I L O Y V C I K N I E C
H A R O N R A S S W R N B R
K R Y P G V R S Y N D A Z Y
K A P P A B K Y Y Z V Z V A
L C F Č D S A I J O S D R S
E U D E A O K V L H W V A T
C P H L R N R Z Y U D D N A
E C T A G N B Đ C C P Đ A D
P O L J O P R I V R E D A O
```

PČELA
POLJOPRIVREDA
MAGARAC
BIZON
POLJE
MAČKA
KONJ
KOZA
PAS
OGRADA

VRANA
VODA
GNOJIVO
SIJENO
MED
PILETINA
RIŽA
STADO
KRAVA
TELE

68 - Escalade

```
A T M O S F E R A S K A J Z
I Z A Z O V I A G N A Đ V N
S T R U Č N J A K A C L O A
V N K M Đ D N E D G I Z R T
L I H U V B C L H A G A O I
F D Y N U C R N J T A D B Ž
W I P J E Š A Č E N J E U E
V Č Z S U Z I T I E L J K L
F I J I W W J L G R I L A J
K D F T Č U J Z E E P Z N A
Y O C V D K H K A T Š O I T
G V Z G E C I V A K U R S R
S T A B I L N O S T V Y I A
S J J Č I Z M E R U P Z V K
```

VISINA
ATMOSFERA
OZLJEDA
ČIZME
KARTA
KACIGA
ZNATIŽELJA
IZAZOVI
STRUČNJAK
SUZITI

SNAGA
OBUKA
RUKAVICE
ŠPILJA
VODIČI
FIZIČKI
PJEŠAČENJE
STABILNOST
TEREN

69 - Café

```
R U F O R T S S M Z R H V M
K P M R R E P E I W F V I L
T M E R S K A R O G W J P I
K R E M A U K Š A L I C A J
V C L K N Ć K F I L T A R E
S O D F E I M O L E S I K K
H Z D N Ž N I E F O K R J O
C Z O A R A N E J I C P U H
O R F I P M E T F F I I T R
Z G N L I O K H Đ R S Ć R A
U M E A S R E Ć E Š A E O Z
Z K D R F A S A M L J E T I
P O D R I J E T L O S R Đ S
T U R A Z N O L I K O S T O
```

KISELO	JUTRO
GORAK	SAMLJETI
AROMA	CRNA
PIĆE	PODRIJETLO
KOFEIN	CIJENA
KREMA	PRŽENA
VODA	OKUS
FILTAR	ŠEĆER
MLIJEKO	ŠALICA
TEKUĆINA	RAZNOLIKOST

70 - Antarctique

```
M  K  S  T  J  E  N  O  V  I  T  A  H  S
I  O  P  O  L  U  O  T  O  K  I  D  Đ  H
N  N  T  G  S  D  O  W  V  L  S  N  L  F
E  T  E  E  U  P  S  Š  C  U  T  Y  K  J
R  I  M  O  Z  A  J  I  C  A  R  G  I  M
A  N  P  G  N  D  E  L  P  A  A  P  C  A
L  E  E  R  A  O  Đ  O  T  O  Ž  B  O  B
I  N  R  A  N  V  J  K  I  L  I  Đ  T  P
H  T  A  F  S  R  D  O  C  Đ  V  K  O  M
O  Đ  T  I  T  Đ  Đ  Z  E  V  A  I  G  G
C  F  U  J  V  A  K  R  K  E  Č  T  F  W
M  S  R  A  E  Z  A  L  J  E  V  O  O  C
I  C  A  J  N  E  D  E  L  Đ  A  V  T  Z
E  K  S  P  E  D  I  C  I  J  A  I  J  L
```

ZALJEV	LEDENJACI
KITOVI	OTOCI
ISTRAŽIVAČ	MIGRACIJA
KONTINENT	MINERALI
VODA	PTICE
OKOLIŠ	POLUOTOK
EKSPEDICIJA	STJENOVITA
GEOGRAFIJA	ZNANSTVEN
LED	TEMPERATURA

71 - Professions #2

```
E  Z  H  L  I  P  I  N  G  N  I  F  F  I
S  O  F  A  L  U  Z  N  O  V  I  N  A  R
J  O  D  S  U  Đ  U  V  L  R  S  P  R  A
D  L  B  T  S  A  M  F  O  Y  W  H  G  L
E  O  Y  R  T  R  I  S  I  S  J  R  O  T
T  G  D  O  R  E  T  K  B  L  C  D  T  R
E  L  I  A  J  E  O  L  C  O  Đ  O  V
K  I  N  A  T  O  L  I  P  Z  J  Z  F  B
T  J  Ž  U  O  M  J  L  Y  Z  I  J  O  B
I  E  E  T  R  K  I  R  U  R  G  C  C  F
V  Č  N  I  S  T  R  A  Ž  I  V  A  Č  G
R  N  J  L  E  T  I  Č  U  G  E  C  U  P
U  I  E  S  L  I  K  A  R  A  B  U  Z  W
C  K  R  A  Č  I  N  Ž  I  J  N  K  O  F
```

ASTRONAUT	IZUMITELJ
KNJIŽNIČAR	VRTLAR
BIOLOG	NOVINAR
ISTRAŽIVAČ	LIJEČNIK
KIRURG	SLIKAR
ZUBAR	FILOZOF
DETEKTIV	FOTOGRAF
UČITELJ	PILOT
ILUSTRATOR	ZOOLOG
INŽENJER	

72 - Les Abeilles

```
M  L  Z  P  E  K  A  S  O  V  S  B  J  Y
Z  I  F  L  C  O  L  I  B  I  A  I  P  I
H  J  J  Y  W  Š  I  J  H  L  K  L  E  E
O  V  J  Z  T  N  R  L  D  M  O  J  L  A
C  U  O  H  A  I  K  R  Y  B  R  E  U  R
E  K  T  Ć  J  C  A  K  U  K  I  N  D  I
A  P  E  R  E  A  Y  G  V  M  S  D  O  B
C  V  I  J  E  Ć  E  T  Š  I  N  A  T  S
I  W  H  O  N  B  Y  A  I  W  O  B  T  I
J  H  F  R  S  U  N  C  E  M  N  D  E  M
L  I  R  P  E  W  L  R  R  F  T  I  J  O
A  V  V  A  T  S  U  S  O  K  E  M  I  T
R  T  R  N  N  D  L  A  V  D  N  B  V  O
K  K  L  T  U  A  Y  R  J  Đ  V  W  C  T
```

KRILA	KUKAC
KORISNO	VRT
VOSAK	MED
ROJ	HRANA
EKOSUSTAV	BILJE
CVIJET	PELUD
CVIJEĆE	KRALJICA
VOĆE	KOŠNICA
DIM	SUNCE
STANIŠTE	

73 - Santé et Bien Être #2

```
O  N  U  V  I  N  S  B  B  K  A  T  C  M
A  J  I  R  O  L  A  K  O  B  J  I  Z  A
N  L  M  K  K  M  O  R  L  K  I  J  I  S
T  S  E  L  O  B  I  I  N  A  C  E  N  A
I  S  R  R  D  Z  B  Đ  I  V  A  L  F  Ž
T  Đ  T  J  G  J  Y  U  C  A  R  O  E  A
E  F  J  R  C  I  F  V  A  R  D  Z  K  J
P  D  C  I  E  A  J  A  J  O  I  T  C  I
A  U  I  K  O  S  O  A  I  P  H  E  I  M
G  E  N  E  T  I  K  A  G  O  E  Ž  J  O
M  I  S  H  R  A  N  A  R  B  D  I  A  T
H  I  G  I  J  E  N  A  E  T  Đ  N  M  A
V  I  T  A  M  I  N  S  N  H  K  A  U  N
R  I  P  B  D  Đ  N  U  E  H  B  S  I  A
```

ALERGIJA	INFEKCIJA
ANATOMIJA	BOLEST
APETIT	MASAŽA
KALORIJA	ISHRANA
TIJELO	TEŽINA
DEHIDRACIJA	OPORAVAK
ENERGIJA	ZDRAV
GENETIKA	KRV
BOLNICA	STRES
HIGIJENA	VITAMIN

74 - Conduite

```
L M M O S G K A Š E J P P D
I O M P T A A J I C I L O P
C T Z A B R M A Y I A E U C
E O Y S R A I F P I H L N J
N C A N J Ž O G M O T O R W
C I I O B A N G J A W V Z K
A K T S O N R U G I S I H O
F L V T G B L F C J A R B Č
K A R T A Ć E R S E N O R N
N O T L J V N I L P G G Z I
Z I J S O O U Z K W G Đ I C
J H R J E P T E M O R P N E
D A L A A C O N T C R Y A I
N N Z C I P R I J E V O Z Z
```

NESREĆA   MOTOCIKL
KAMION   PJEŠAK
GORIVO   POLICIJA
KARTA   CESTA
OPASNOST   SIGURNOST
KOČNICE   PROMET
GARAŽA   PRIJEVOZ
PLIN   TUNEL
LICENCA   BRZINA
MOTOR

75 - Plantes

```
H D B A O V I J O N G H M T
D Š U M A Đ N A J L Š R B Z
R Đ A B G R M U S U B M A B
V J L F D D J J W L R O N H
O R A S T I T A Z E Ć Š I L
W J C U A Z J S L E W S V O
E V I T K A R O L F M J O O
E C B B I I C T R A V A H R
I Đ O B N E J I R O K C A Y
V V B B A K A K T U S V M N
O R O W T U L V J A Y I W L
N N T W O D R P I S L J P L
I I U N B E G E S C V E J T
V E G E T A C I J A A T S D
```

DRVO
BOBICA
BAMBUS
BOTANIKA
GRM
KAKTUS
GNOJIVO
LIŠĆE
CVIJET
FLORA

ŠUMA
RASTI
GRAH
TRAVA
VRT
BRŠLJAN
MAHOVINA
LATICA
KORIJEN
VEGETACIJA

76 - Ferme #2

```
P Ž I V O T I N J E Y V R S
K Š K A M M L I J E K O K D
N G E V O Ć N J A K R J H E
Z E J N A V A J N D O V A N
P R V G I U A M G T T M D A
J O E N A C I N Š O K H A U
A P V L Y M A Č E J A K V O
N U F R O U N B Đ F R U I V
J P D I Ć H R A N A T K L C
E P Z T U E P J U K J U D E
T A P S Đ O W A T T B R W C
I T Z A C H P T T N O U G M
N K O P W J R S W W U Z H Y
A A A V O Ć E L A M E N Y H
```

JANJETINA   POVRĆE
ŽIVOTINJE   KUKURUZ
PASTIR   OVCE
PŠENICA   ZRELO
PATKA   HRANA
VOĆE   JEČAM
STAJA   LIVADA
NAVODNJAVANJE   KOŠNICA
MLIJEKO   TRAKTOR
LAME   VOĆNJAK

77 - Vacances #2

```
A O P P P U T O V A N J E Z
T D O U L Đ E Z V V J D C R
E R I D T A S I I H H N T A
J E M C M O Ž Đ Z A K K G Č
I D L K Y O V A A T R A K N
F I Y V L O R N K U O M I A
A Š R C S A Y U I N U P Y L
R T D L M L S P R C O I S U
G E P R I J E V O Z A R T K
O A S I F U L B T R E A R A
T H B S Z Y C P A H P N A K
O T O K A L V Y Š P Y J N W
F K M A H O T E L K F E A N
R E S T O R A N M O R E C T
```

ZRAČNA LUKA
KAMPIRANJE
KARTA
ODREDIŠTE
STRANAC
HOTEL
OTOK
MORE
PUTOVNICA
FOTOGRAFIJE

PLAŽA
RESTORAN
TAKSI
ŠATOR
VLAK
PRIJEVOZ
ODMOR
VIZA
PUTOVANJE

78 - Temps

```
G  H  R  P  O  D  N  E  G  B  U  Z  E  T
M  O  R  T  U  J  A  J  O  M  S  F  C  M
W  M  D  D  I  A  W  I  D  Đ  K  V  H  D
Đ  U  K  I  L  T  P  R  I  V  O  F  W  P
T  N  O  Ć  Š  U  I  P  N  P  R  D  B  Z
S  J  O  L  H  N  O  K  A  N  O  E  M  O
O  Y  E  U  W  I  J  J  Z  F  F  S  W  P
N  J  W  D  O  M  U  I  B  B  F  E  Đ  D
Ć  J  C  R  A  D  N  E  L  A  K  T  I  I
U  Đ  D  E  T  N  S  S  A  D  A  L  W  J
D  A  N  A  S  L  A  J  H  V  K  J  D  U
U  K  M  G  D  E  T  N  K  F  R  E  A  Č
B  A  P  E  Ć  E  J  L  O  T  S  Ć  N  E
Đ  J  H  N  Y  I  P  M  H  Y  K  E  M  R
```

GODINA	JUČER
GODIŠNJI	DAN
NAKON	SADA
DANAS	JUTRO
PRIJE	PODNE
USKORO	MINUTA
KALENDAR	MJESEC
DESETLJEĆE	NOĆ
BUDUĆNOST	TJEDAN
SAT	STOLJEĆE

79 - Maison

```
A  T  A  R  V  G  P  S  D  Z  Đ  F  O  K
G  J  Y  R  Y  T  R  V  Z  M  H  G  G  A
Z  P  N  V  N  B  O  J  I  Y  M  E  R  M
T  E  P  I  H  B  Z  E  D  Y  E  Đ  A  I
P  A  W  G  H  I  O  T  G  O  T  F  D  N
O  W  S  O  T  U  R  I  V  S  L  K  A  O
T  O  K  T  K  U  K  L  I  O  A  N  B  O
K  G  H  D  Z  K  Đ  J  T  U  Š  J  O  Z
R  L  U  T  C  S  G  K  D  R  Đ  I  S  A
O  E  B  F  I  D  T  A  H  S  L  Ž  A  V
V  D  F  F  K  P  A  R  L  E  B  N  T  J
L  A  Đ  I  J  Đ  K  V  O  R  K  I  Z  E
J  L  R  F  D  V  O  E  Đ  P  K  C  Z  S
E  O  E  C  S  D  H  A  Ž  A  R  A  G  E
```

METLA	POTKROVLJE
KNJIŽNICA	VRT
SOBA	SVJETILJKA
KAMIN	OGLEDALO
TIPKE	ZID
OGRADA	STROP
KUHINJA	VRATA
TUŠ	ZAVJESE
PROZOR	TEPIH
GARAŽA	KROV

80 - Légumes

```
C C H N A U B J A L R R P N
F Y D I A L U K O R B A E Z
H F S A V R N L I V D J R U
K N S N K E D O U M G Č Š Z
S R Z I R P E F W N S I I A
C A A L M A V I G M Y C N K
E V L S A U A E R P S A B O
L I V A T C E K A J N Š E Č
E J H M T A I R Š E K T Đ I
R L E A K A V V A N L D U T
V G A A Z B F A K F U Y M R
Š P I N A T D E C T K Y B A
L U K K O Z J A K K O R I H
P A T L I D Ž A N G E R R F
```

ČEŠNJAK	ŠPINAT
ARTIČOKA	ĐUMBIR
PATLIDŽAN	REPA
BROKULA	LUK
MRKVA	MASLINA
CELER	PERŠIN
GLJIVA	GRAŠAK
BUNDEVA	ROTKVICA
KRASTAVAC	SALATA
LUK KOZJAK	RAJČICA

81 - Plage

```
K O T O U Y F U Đ V C Š T J
K I N Č U R O P W T W K K E
E P Š P Đ K B G V D B O G D
T L F O M F A V A L P L S R
Š C N W B P L S Č G D J C I
I E E S L R A I E A T K Y L
N A E C O O A Z R J M E H I
A N C R G M K N O W I A U C
T U N C O D F E M U P P C A
S G U S J O C B N O R M K G
I A S M G V A E S J A T L C
R L K M J T F R U H K V T S
P L I V A T I G U E Y W N G
O P P S A N D A L E G S A N
```

ČAMAC
PLAVA
ŠKOLJKE
OBALA
RAK
PRISTANIŠTE
OTOK
LAGUNA
MORE
PLIVATI

OCEAN
KIŠOBRAN
GREBEN
PIJESAK
SANDALE
RUČNIK
SUNCE
ODMOR
JEDRILICA

82 - Famille

```
P  D  B  A  K  A  L  N  L  P  Z  A  A  D
R  R  J  B  T  T  F  M  A  J  K  A  F  J
D  O  E  E  I  S  M  I  C  N  Đ  U  Y  E
I  U  Đ  D  D  Đ  Đ  O  I  C  C  M  S  C
J  L  N  A  A  J  N  I  K  A  Ć  E  N  A
E  M  M  R  K  K  Z  K  S  T  A  R  B  Z
T  T  U  T  A  G  S  N  O  F  O  K  Z
E  H  E  S  J  Ć  U  N  I  R  H  Y  I  E
M  U  Ž  E  U  E  J  I  Č  R  L  N  C  L
H  M  D  S  I  N  C  Č  J  T  E  T  K  A
S  U  P  R  U  G  A  O  A  D  Z  Y  C  U
P  W  P  N  K  Ć  I  B  M  E  V  W  C  A
D  J  E  T  I  N  J  S  T  V  O  I  O  I
E  J  C  V  H  T  U  Z  T  C  V  S  J  Y
```

PREDAK	MUŽ
ROĐAK	MAJČINSKI
DJETINJSTVO	MAJKA
DIJETE	NEĆAK
DJECA	NEĆAKINJA
SUPRUGA	UJAK
KĆI	OČINSKI
BRAT	OTAC
BAKA	SESTRA
DJED	TETKA

83 - Oiseaux

```
I  Y  G  C  U  N  Đ  G  P  L  A  B  U  D
K  K  U  B  K  W  A  C  O  A  D  O  R  K
Č  U  P  E  L  I  K  A  N  L  P  N  O  J
A  L  K  J  M  W  S  B  B  R  U  I  Y  T
P  B  L  A  N  N  U  A  P  G  P  B  G  N
L  F  V  J  V  Y  G  R  U  L  I  E  M  A
J  V  J  L  S  I  R  V  Z  P  N  L  Z  C
A  Z  J  I  Đ  I  C  Z  V  U  G  A  I  U
P  A  T  K  A  U  O  A  R  O  V  G  D  O
P  I  L  E  T  I  N  A  A  V  I  N  A  T
F  L  A  M  I  N  G  O  N  V  N  Đ  K  N
B  Z  A  I  L  N  T  E  A  R  M  L  M  U
V  L  B  U  D  E  W  G  J  E  H  B  R  M
G  P  M  A  L  B  K  C  A  P  G  I  O  A
```

ORAO	VRABAC
NOJ	GALEB
PATKA	JAJE
RODA	GUSKA
VRANA	PAUN
KUKAVICA	PAPIGA
LABUD	PELIKAN
FLAMINGO	GOLUB
ČAPLJA	PILETINA
PINGVIN	TOUCAN

84 - Disciplines Scientifiques

```
S P Z P V P A K I N A H E M
K O S O P F J K W Đ J G N M
K R C I W K I M E T I E E E
E C M I H Z G B N T M O U T
J K T U O O O L Z L O L R E
F B O Z R L L L Z E T O O O
Y Z V L C Z O O K D A G L R
A Z G Y O W I G G P N I O O
L G D K W G B V I I A J G L
K E M I J A I V K J J A I O
Đ Y E U Y E N J P M A A J G
B O T A N I K A A Y M S A I
B I O K E M I J A H B P D J
A S T R O N O M I J A J Y A
```

ANATOMIJA
ASTRONOMIJA
BIOKEMIJA
BIOLOGIJA
BOTANIKA
KEMIJA
EKOLOGIJA

GEOLOGIJA
MEHANIKA
METEOROLOGIJA
NEUROLOGIJA
PSIHOLOGIJA
SOCIOLOGIJA

85 - Univers

```
E M H A A H Z O D I J A K A
K J E T S O N A Č N U S T S
V E M M T R H Z N S P Y E T
A S I O R I T A M A M P L E
T E S S O Z E M M E O M E R
O C F F N O D U Ž I N A S O
R I E E O N N E B O O J K I
T K R R M T S R A S R I O D
Š Č A A I S V S D P T S P O
Y I B I J K I C M S S K R R
Z M R T A M P J A I A A K B
I Z O I V I D L J I V L F I
C O E J N R N L M C C A E T
M K A W R A U D I M C G B A
```

ASTEROID   ŠIRINA
ASTRONOM   DUŽINA
ASTRONOMIJA   MJESEC
ATMOSFERA   TAMA
NEBO   ORBITA
KOZMIČKI   SUNČANO
EKVATOR   TELESKOP
GALAKSIJA   VIDLJIV
HEMISFERA   ZODIJAK
HORIZONT

86 - Géographie

```
A  V  Y  F  O  C  E  S  Z  M  E  I  G  D
C  I  H  O  Đ  A  N  I  R  I  Š  R  L  C
E  S  M  T  M  R  S  V  I  J  E  T  Đ  B
F  I  E  W  E  E  J  Č  U  R  D  O  P  L
M  N  F  O  S  F  V  W  B  T  K  Y  F  V
E  A  J  R  T  S  S  J  E  V  E  R  K  V
R  E  R  O  M  I  I  N  R  M  C  J  A  R
I  D  F  Đ  C  M  M  P  S  Z  H  H  N  H
D  H  Đ  A  R  E  O  M  P  J  A  F  I  Đ
I  D  Z  T  U  H  A  T  P  U  T  P  N  G
J  A  J  L  M  E  Z  N  O  G  R  V  A  M
A  R  C  A  K  E  J  I  R  K  A  F  L  D
N  G  N  S  R  E  G  I  J  A  K  H  P  P
K  O  N  T  I  N  E  N  T  B  O  E  V  Z
```

VISINA	SVIJET
ATLAS	PLANINA
KARTA	SJEVER
KONTINENT	OCEAN
RIJEKA	ZAPAD
HEMISFERA	ZEMLJA
OTOK	REGIJA
ŠIRINA	JUG
MORE	PODRUČJE
MERIDIJAN	GRAD

87 - Danse

```
B D S V R M I J E T S W B I
G O R H I I N Č I S A L K H
V I L H T L P K A B Z A L G
S I U B A O H A J I C O M E
D K D M M S R V I T K F S A
I N O N J T E H F I U F N J
F W S K I E N Z A J L Y I I
M O N A V J T O R E T K D M
H G O B C Đ R N G L U F H E
R A D O S T A N O O R D E D
P O K R E T P T E S A J E A
W U V P W K I N R U T L U K
D R Ž A N J E I O C Đ W S A
I T C Y N L I C K T L G B C
```

AKADEMIJA
UMJETNOST
KOREOGRAFIJA
KLASIČNI
TIJELO
KULTURA
KULTURNI
EMOCIJA
MILOST

RADOSTAN
POKRET
GLAZBA
PARTNER
DRŽANJE
PROBA
RITAM
SKOK
VIDNI

88 - Bâtiments

```
I  C  W  H  Š  Z  I  H  K  Z  L  Š  Đ  B
Y  A  Y  C  K  V  Y  L  A  P  W  A  M  O
V  C  K  Đ  O  J  L  U  Z  K  F  T  U  L
K  I  N  O  L  E  A  J  A  T  S  O  Z  N
T  N  O  Y  A  Z  B  B  L  L  M  R  E  I
E  R  I  K  Y  D  O  I  I  G  Z  J  J  C
Đ  O  D  B  W  A  R  F  Š  S  T  A  N  A
C  V  Ž  A  R  A  G  T  U  O  L  Z  W
K  T  T  H  S  N  T  I  E  H  O  T  E  L
N  A  S  I  N  I  O  D  V  O  R  A  C  I
Đ  L  B  W  R  C  R  R  Z  Y  S  B  E  N
E  Đ  C  I  P  A  I  T  O  R  A  N  J  I
E  F  C  Y  N  E  J  N  I  B  J  W  V  V
N  J  T  P  C  A  C  I  N  O  I  D  A  R
```

STAN	HOTEL
RADIONICA	LABORATORIJ
KABINA	MUZEJ
DVORAC	ZVJEZDARNICA
KINO	STADION
ŠKOLA	ŠATOR
GARAŽA	KAZALIŠTE
STAJA	TORANJ
BOLNICA	TVORNICA

89 - Activités et Loisirs

```
B  O  V  T  S  R  A  L  T  R  V  M  G  H
C  E  D  G  D  E  J  N  E  J  N  O  R  O
N  V  J  S  Y  O  P  B  N  E  U  C  E  B
C  O  N  Z  P  D  W  A  I  B  Đ  W  J  I
W  T  G  G  B  R  R  F  S  K  O  B  N  J
J  B  J  O  Y  O  K  O  Š  A  R  K  A  I
Y  E  Y  R  M  F  L  O  G  E  O  A  V  E
N  E  O  K  P  E  S  O  T  R  D  O  I  V
U  C  H  Z  W  Z  T  B  D  K  Z  C  L  S
R  I  B  A  R  S  T  V  O  B  U  H  P  T
E  H  P  K  Đ  H  Đ  P  W  B  O  M  P  F
Đ  Z  S  I  M  Y  A  N  P  D  I  J  V  U
A  F  Y  L  S  U  R  F  A  N  J  E  K  N
S  G  T  S  O  N  T  E  J  M  U  W  F  A
```

UMJETNOST	HOBIJI
BEJZBOL	SLIKA
KOŠARKA	RIBARSTVO
BOKS	RONJENJE
NOGOMET	SURFANJE
GOLF	TENIS
VRTLARSTVO	ODBOJKA
PLIVANJE	

90 - Livres

```
S D R R M P D U H O V I T D
T U E V N R O Z R C E H E U
R E L A R B T V C I C T Z A
A Č E J A S A P I U E Z J L
N I V I F O N D V J M A G N
I T A R U T N A V A E M O O
C A N E P K G O O Č F S P S
A Č T S Đ Z O H E I V E N T
Z Z A D L G D N Z R N J A I
Đ B N R K Z H R T P Đ P M Y
W V I O L C M T Đ E C N O Đ
L R P R O T U A T B K V R Đ
G Z T C K K G E R O W S L E
H H P F R A J I Z E O P T F
```

AUTOR
AVANTURA
ZBIRKA
KONTEKST
DUALNOST
EP
PRIČA
POVIJESNI

DUHOVIT
ČITAČ
STRANICA
RELEVANTAN
PJESMA
POEZIJA
ROMAN
SERIJA

91 - Pays #2

```
A T N O T C J Y H T Y S D D
I N D O N E Z I J A I G W A
L I B A N O N E L K H O L N
K E N I J A M E K S I K O S
A L B A N I J A V R L L P K
I K D A J I S U R I O B A A
C T P D J A M A J K A I K J
Y K I N A J I L A M O S I I
S L L A O S R U V N W F S R
U V Y G H Z Z S T M N J T I
D B D U V A G W P G H A A S
A K S U C N A R F E G P N N
N U K R A J I N A R G A W T
R W A Z O M R F L C G N S H
```

ALBANIJA
KINA
DANSKA
FRANCUSKA
HAITI
INDONEZIJA
IRSKA
JAMAJKA
JAPAN
KENIJA

LAOS
LIBANON
MEKSIKO
UGANDA
PAKISTAN
RUSIJA
SOMALIJA
SUDAN
SIRIJA
UKRAJINA

92 - Jazz

```
I  S  S  E  B  R  J  H  H  U  P  R  I  U
V  O  Đ  K  G  L  A  Z  B  A  J  I  V  A
G  L  V  P  L  A  K  I  N  H  E  T  E  J
K  O  L  A  I  A  O  C  P  E  S  A  J  I
M  V  Z  Y  T  M  D  R  A  K  M  M  N  C
V  O  W  F  S  G  G  A  K  G  A  A  B  A
R  N  Ž  S  K  I  N  T  E  J  M  U  Z
S  A  S  T  A  V  T  C  R  E  S  A  B  I
E  N  T  N  E  L  A  T  R  P  L  T  O  V
H  E  R  O  L  N  N  B  A  O  T  J  A  O
P  V  A  A  F  P  Z  E  T  L  V  R  R  R
D  T  R  E  C  N  O  K  S  C  B  K  V  P
B  O  G  C  B  D  P  B  E  G  A  U  N  M
F  A  V  O  R  I  T  I  E  O  B  T  M  I
```

ALBUM	GLAZBA
UMJETNIK	NOVO
POZNATI	ORKESTAR
PJESMA	RITAM
SKLADATELJ	SOLO
SASTAV	STIL
KONCERT	TALENT
FAVORITI	BUBNJEVI
ŽANR	TEHNIKA
IMPROVIZACIJA	STAR

93 - Paysages

```
V  Š  P  P  A  R  A  V  Č  O  M  I  O  A
O  P  V  L  P  J  N  M  N  A  D  O  D  D
D  I  U  Z  A  C  I  H  H  Z  E  R  O  M
O  L  L  K  K  Ž  N  A  V  A  F  E  B  T
P  J  K  Y  E  N  A  Z  M  J  H  Z  A  U
A  A  A  O  J  E  L  W  T  N  G  E  N  E
D  J  N  A  I  E  P  V  R  I  Z  J  E  G
R  Y  T  E  R  A  M  H  B  T  R  B  D  E
T  U  N  D  R  A  B  T  B  S  B  P  E  E
E  D  D  O  L  I  N  A  W  U  H  D  L  H
J  Ć  O  T  W  P  I  A  I  P  O  C  M  G
G  A  Š  L  E  D  E  N  J  A  K  O  T  O
P  O  L  U  O  T  O  K  K  V  K  G  P  N
W  O  O  Z  P  R  B  O  A  U  T  D  B  G
```

VODOPAD	JEZERO
BRDO	MOČVARA
PUSTINJA	MORE
UŠĆE	PLANINA
RIJEKA	OAZA
GEJZIR	POLUOTOK
LEDENJAK	PLAŽA
ŠPILJA	TUNDRA
LEDENA	DOLINA
OTOK	VULKAN

94 - Pays #1

```
Đ U K I P O L J S K A B M W
Š N Y F Z K P B Y J A C A Y
N P J N L R O D A V K E L Đ
I A A E L O A N D L M I Đ
K M J N M A R E V K D U U I
A A I K J A U E L I Z A R B
R R D H P O Č C B F G W M F
A O N K K U L K T P G K F I
G K I M J D B S A J I B I L
V O R Y G T D K N J S N I
A K S J N U M U R A D O S P
A F G A N I S T A N F Đ K I
P A N A M A K A N A D A A N
N O R V E Š K A R T K D Z I
```

AFGANISTAN
NJEMAČKA
BRAZIL
KANADA
ŠPANJOLSKA
EKVADOR
FINSKA
INDIJA
IZRAEL

LIBIJA
MALI
MAROKO
NIKARAGVA
NORVEŠKA
PANAMA
FILIPINI
POLJSKA
RUMUNJSKA

95 - Nombres

```
T E V E D Đ E V Č M W R V U
S R W E S S Y F C E U E N A
E B I R T S E A N R T E Č L
A F Đ N Y K Z V P R J I M A
N N A Y A L K J O G J G R M
T S F W P E A B Y S I Đ V I
E T G T E T S E A N A V D C
P P I T T D A T T R I M D E
Š E S N A E S T B I G A E D
N U L A Z D K U S L O D S S
S P G R I V A G O F U E E Đ
Š E S T R A K L S N M S T C
D V A D E S E T N C C Đ Đ K
Đ E D E V E T N A E S T C C
```

PET	ČETIRI
DVA	PETNAEST
DECIMALA	ŠESNAEST
DESET	SEDAM
DEVETNAEST	ŠEST
DVANAEST	TRINAEST
OSAM	TRI
DEVET	DVADESET
ČETRNAEST	NULA

96 - Psychologie

```
N  S  R  W  B  T  O  I  V  O  N  S  O  D
Z  U  F  L  R  F  I  T  D  L  V  K  S  J
I  K  Č  I  N  I  L  K  O  E  F  G  J  E
L  O  W  G  O  A  G  L  N  K  J  T  E  T
T  B  O  S  O  B  N  O  S  T  N  E  Ć  I
P  R  O  B  L  E  M  E  E  Y  D  L  A  N
U  F  H  M  J  J  Đ  J  J  R  N  B  J  J
T  Y  K  I  G  I  K  N  V  C  A  V  G  S
J  D  P  H  K  C  W  A  S  M  O  C  P  T
E  E  G  O  U  O  W  Š  E  H  I  R  P  V
C  J  Y  I  B  M  F  A  N  Đ  C  S  P  O
A  A  S  Z  I  E  O  N  D  J  T  G  L  C
J  J  A  J  A  N  Z  O  P  S  D  L  B  I
I  Đ  E  A  J  I  C  P  E  C  R  E  P  J
```

KLINIČKI   NESVJESNO
SPOZNAJA   UTJECAJI
PONAŠANJE   MISLI
SUKOB   PERCEPCIJA
EGO   OSOBNOST
DJETINJSTVO   PROBLEM
EMOCIJE   SNOVI
PROCJENA   OSJEĆAJ
IDEJE

97 - Nature

```
R  H  W  P  D  I  N  A  M  I  Č  A  N  S
E  F  O  U  O  B  L  A  C  I  C  A  R  R
Ž  Ć  K  S  C  R  I  K  S  P  O  R  T  S
I  S  Š  T  O  K  D  A  Đ  I  P  K  Š  K
V  P  Z  I  J  L  V  I  D  V  Đ  T  U  L
O  O  L  N  L  J  E  P  O  T  A  I  M  O
T  K  G  J  F  S  K  T  M  A  I  K  A  N
I  O  V  A  L  G  A  M  Š  I  Đ  B  H  I
N  J  W  J  C  M  J  J  K  I  R  E  Đ  Š
J  A  J  I  Đ  I  N  I  D  Đ  T  N  N  T
E  N  A  Z  A  K  E  J  I  R  H  E  O  E
Đ  R  D  O  L  P  D  P  Č  E  L  E  V  Đ
S  B  O  R  M  L  E  B  I  T  A  N  P  S
N  Z  N  E  B  B  L  K  E  R  Z  V  W  P
```

PČELE	RIJEKA
SKLONIŠTE	ŠUMA
ŽIVOTINJE	LEDENJAK
ARKTIK	OBLACI
LJEPOTA	MIRNO
MAGLA	SVETIŠTE
PUSTINJA	DIVLJI
DINAMIČAN	SPOKOJAN
EROZIJA	TROPSKI
LIŠĆE	BITAN

98 - Chimie

```
E A E T E M P E R A T U R A
I Z L L O S C G O V K A I B
S B L U E A T O M S K I Y O
V O D I K K I S I K I O N N
A A N I Ž E T Y V D T Y J U
O N I U O T L R N I O A M K
I I L G G I R O O T P V E L
I Ć P N J L O L M N L C N E
B U O K U A J K H E I L Z A
G K I C N T G I G M N N I R
E E S J N E E A K E A Đ M N
J T Z R O M C Đ R L Z M I I
M I Z R J F K I S E L I N A
K A T A L I Z A T O R T C I
```

KISELINA	VODIK
ATOMSKI	ION
UGLJIK	TEKUĆINA
KATALIZATOR	METALI
TOPLINA	MOLEKULA
KLOR	NUKLEARNI
ENZIM	KISIK
ELEKTRON	TEŽINA
ELEMENTI	SOL
PLIN	TEMPERATURA

99 - Bateaux

```
I  A  K  E  J  I  R  C  J  O  P  S  E  H
M  O  T  O  R  A  M  I  L  P  O  P  B  B
H  C  D  R  H  O  R  E  W  I  S  L  D  G
K  W  U  D  D  M  B  S  V  A  A  G  T
R  Đ  G  I  Đ  N  A  T  O  O  D  V  U  M
O  I  K  S  R  O  M  O  P  L  A  I  B  Z
V  C  A  P  L  U  T  A  Č  A  C  Z  C  R
H  Z  J  M  Đ  N  T  Đ  T  V  F  J  K  K
F  U  A  T  H  A  J  K  C  N  M  J  C  L
N  D  K  M  U  K  Z  Đ  E  N  A  E  C  O
M  O  R  N  A  R  J  N  U  J  T  Z  Đ  C
T  W  J  E  D  R  I  L  I  C  A  E  Đ  U
H  Đ  U  P  T  Y  F  U  E  B  K  R  F  Ž
G  E  S  M  R  M  O  G  T  B  G  O  T  E
```

SIDRO	MORNAR
PLUTAČA	JARBOL
KANU	MORE
UŽE	MOTOR
POSADA	POMORSKI
TRAJEKT	OCEAN
RIJEKA	SPLAV
KAJAK	VALOVI
JEZERO	JEDRILICA
PLIMA	JAHTA

100 - Mesures

```
B  K  I  L  O  G  R  A  M  W  M  T  M  Đ
R  A  C  N  U  T  E  Ž  I  N  A  O  E  D
B  N  J  V  O  L  U  M  E  N  R  N  T  L
E  I  N  T  Đ  C  W  D  N  M  G  A  A  Đ
Š  Ž  A  P  K  W  I  P  U  E  T  U  R  D
I  U  P  J  K  Z  R  N  Y  B  D  F  U  E
R  D  U  I  D  B  A  C  Č  B  I  N  G  C
I  D  T  G  U  K  T  T  A  E  U  N  Z  I
N  G  S  I  J  S  E  G  R  H  G  Y  A  M
A  C  E  N  T  I  M  E  T  A  R  P  S  A
M  I  N  U  T  A  O  V  I  S  I  N  A  L
S  H  P  Y  Đ  V  L  J  L  Y  C  H  M  A
P  N  S  T  F  T  I  S  F  R  I  M  P  L
A  F  R  G  E  M  K  K  Y  E  F  V  B  F
```

CENTIMETAR	MASA
STUPANJ	METAR
DECIMALA	MINUTA
GRAM	BAJT
VISINA	UNCA
KILOGRAM	TEŽINA
KILOMETAR	INČ
ŠIRINA	DUBINA
LITRA	TONA
DUŽINA	VOLUMEN

1 - Adjectifs #2

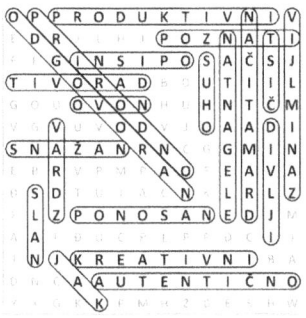

2 - Formes

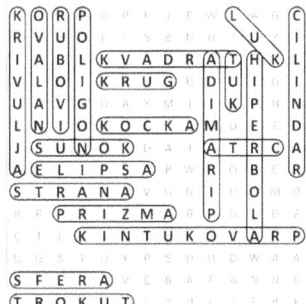

3 - Force et Gravité

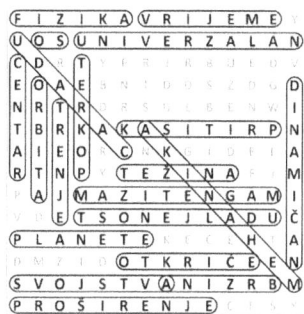

4 - Adjectifs #1

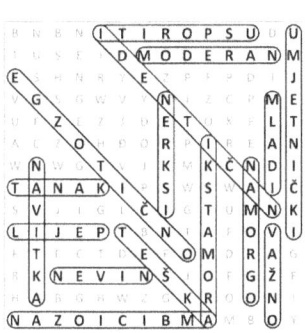

5 - Instruments de Musique

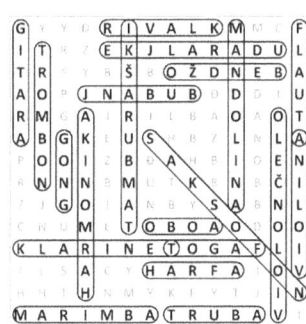

6 - Échecs

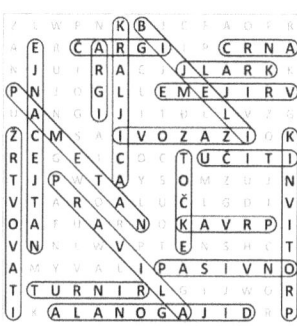

7 - Herboristerie

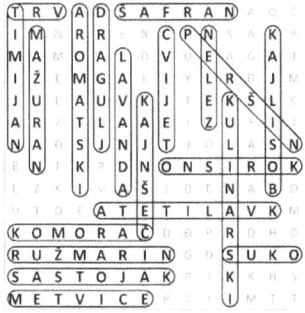

8 - Photographie

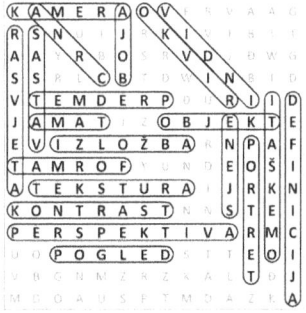

9 - Véhicules

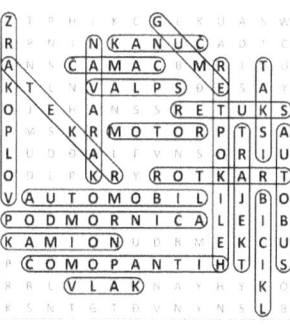

10 - Camping

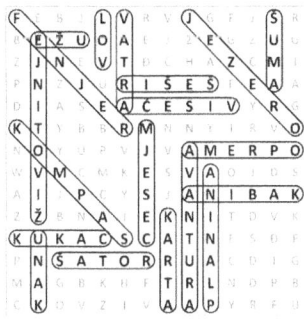

11 - Écologie

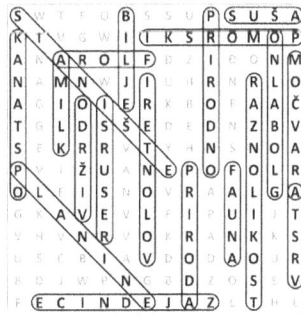

12 - Géométrie

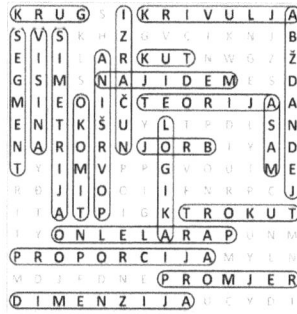

13 - Les Médias

14 - Diplomatie

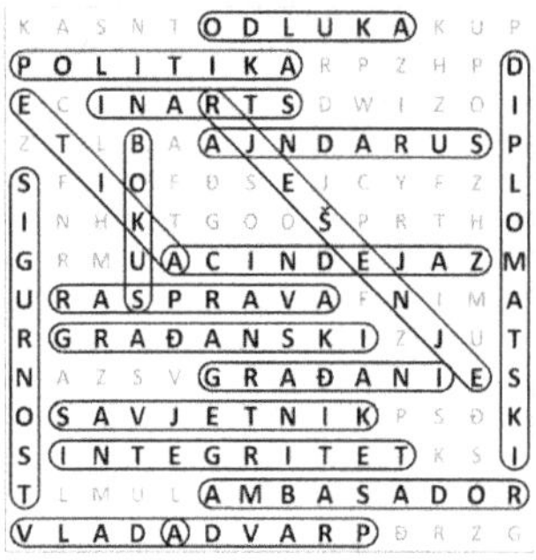

15 - Électricité

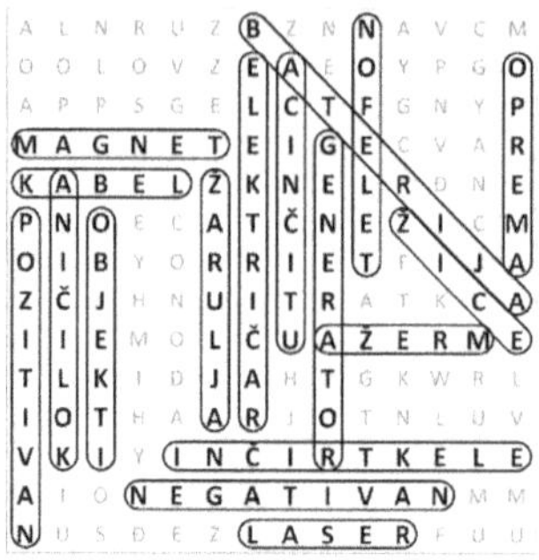

16 - Astronomie

17 - Physique

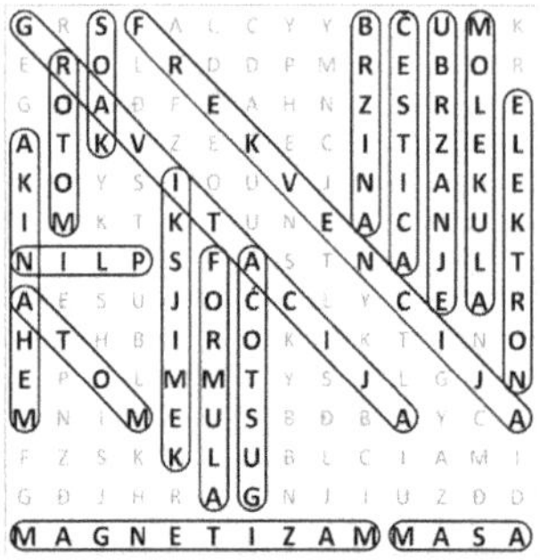

18 - Types de Cheveux

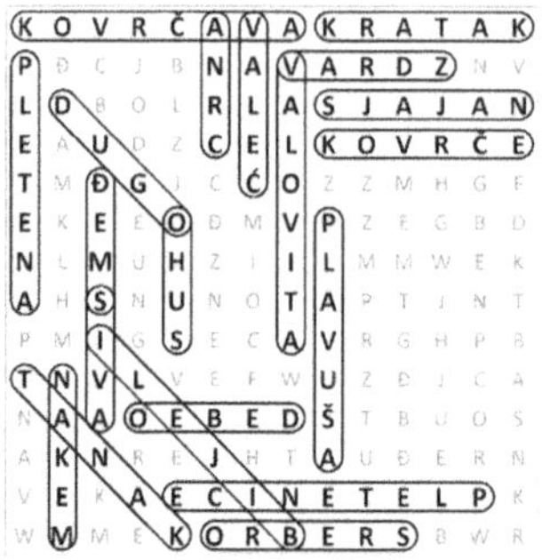

19 - Archéologie

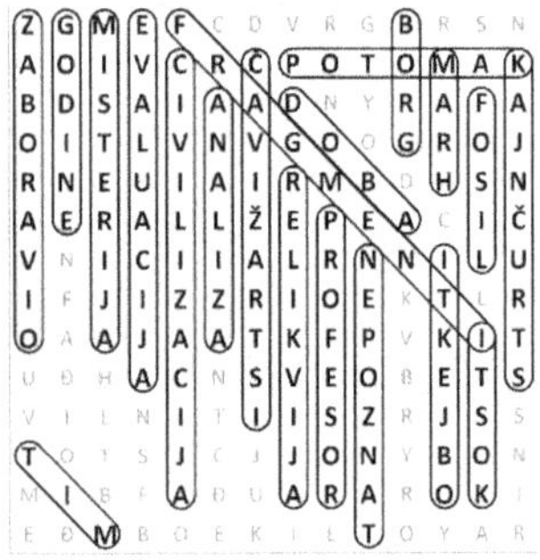

20 - Mammifères

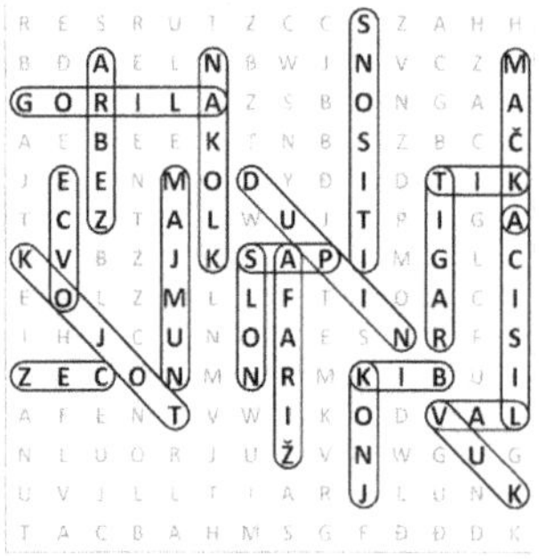

21 - Chocolat

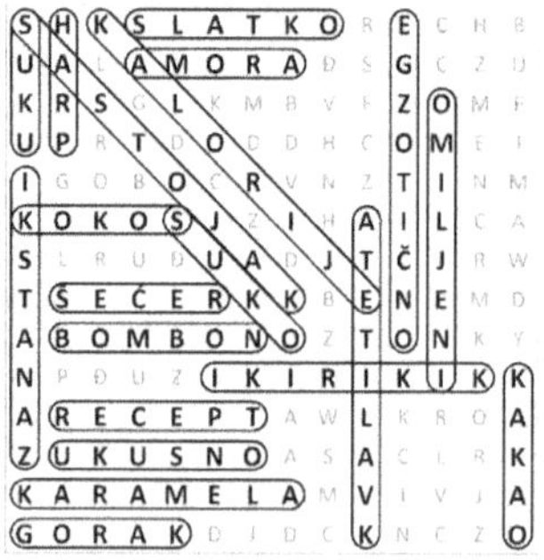

22 - Mathématiques

23 - Sport

24 - Mythologie

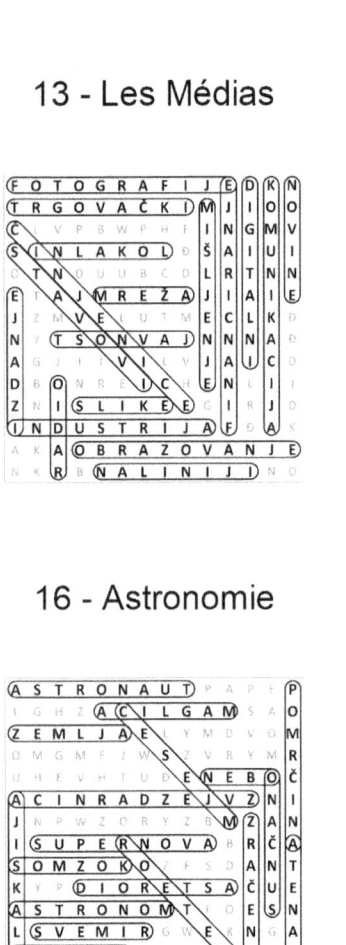
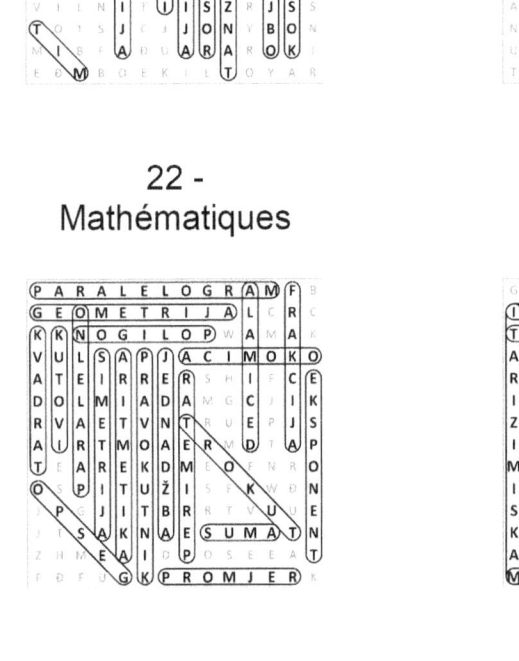
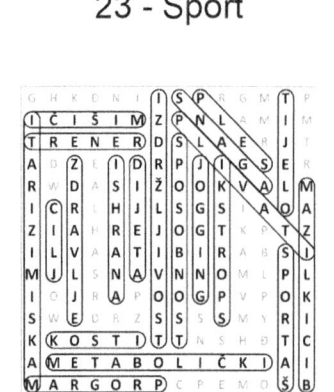
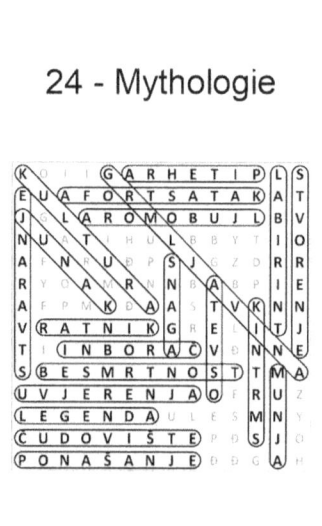

25 - Restaurant #2

26 - Beauté

27 - Avions

28 - Aventure

29 - Ville

30 - Ingénierie

31 - Énergie

32 - Corps Humain

33 - Épices

34 - Science

35 - Vêtements

36 - Méditation

37 - Littérature

38 - Nourriture #1

39 - Jours et Mois

40 - Jardinage

41 - Entreprise

42 - Activités

43 - Fleurs

44 - Nourriture #2

45 - Algèbre

46 - Océan

47 - Antiquités

48 - Boxe

49 - Ballet

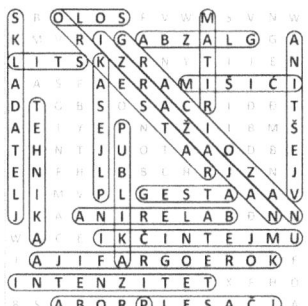

50 - Fruit

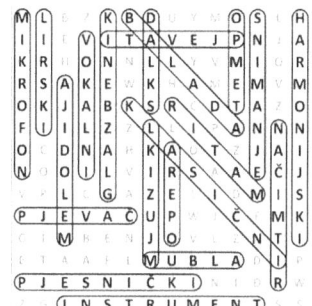

51 - Musique

52 - Météo

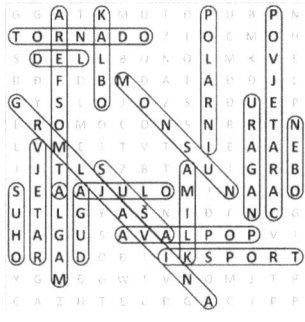

53 - L'Entreprise

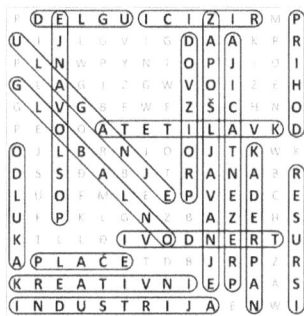

54 - Gouvernement

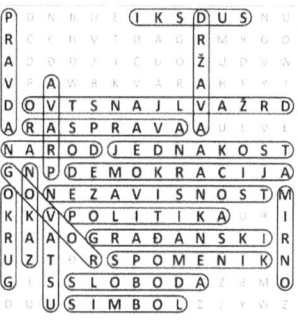

55 - Randonnée

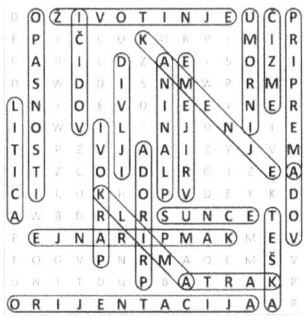

56 - Nutrition

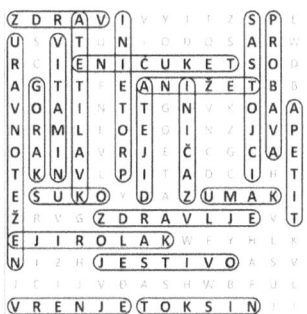

57 - Créativité

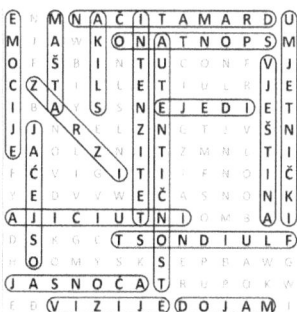

58 - Science Fiction

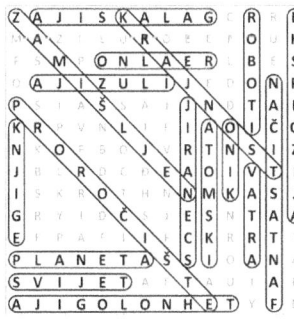

59 - Professions #1

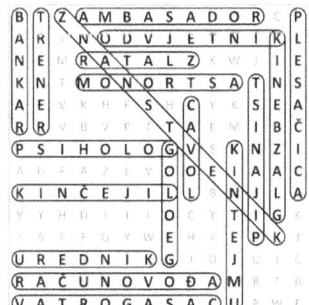

60 - Géologie

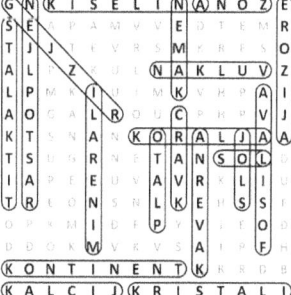

61 - Cirque

62 - Jardin

63 - Santé et Bien Être #1

64 - Barbecues

65 - Animaux de Compagnie

66 - Forêt Tropicale

67 - Ferme #1

68 - Escalade

69 - Café

70 - Antarctique

71 - Professions #2

72 - Les Abeilles

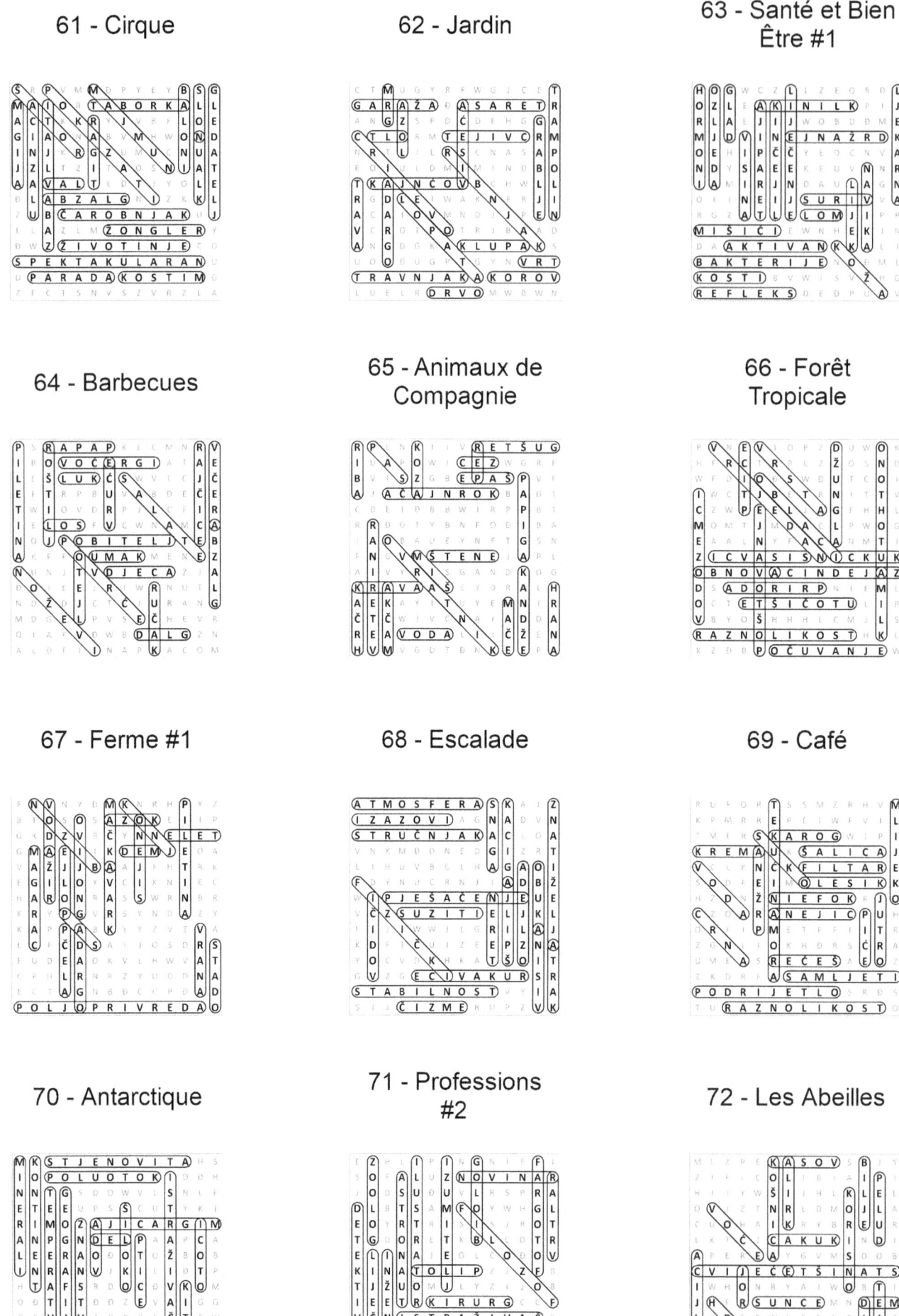

73 - Santé et Bien Être #2

JIROLAK · TSELOB · VARDŽ · GENETIKA · ISHRANA · HIGIJENA · VITAMIN

74 - Conduite

KAŠEJP · AJICILOP · MOTOR · TSONRUGIS · KARTAĆERSEN · NILP · TEMORP · PRIJEVOZ

75 - Plantes

OVIJONG · ŠUMA · NAJLŠRB · GRM · SUBMA · RASTI · ECŠIL · AROLF · TRAVA · NEJIROK · KAKTUS · VEGETACIJA

76 - Ferme #2

ŽIVOTINJE · MLIJEKO · VOĆNJAK · NAVAJNDOVAN · ACINŠOK · MAĆEJ · HRANA · VOĆE · LAME

77 - Vacances #2

PUTOVANJE · ATRAK · PRIJEVOZA · OTOKALV · HOTEL · RESTORAN · MORE

78 - Temps

PODNE · ORTUJ · NOĆŠU · NOKA · RADNELAK · SADA · DANAS · EČEJLOTS

79 - Maison

ATARV · TRV · TEPIH · TUŠ · KVORK · AŽARAG

80 - Légumes

ALUKORB · KAJNŠEĆ · ŠPINAT · LUKKOZJAK · PATLIDŽAN

81 - Plage

KOTO · KINČURO · AVALP · NAEOO · PLIVATI · SANDALE

82 - Famille

BAKA · MAJKA · AJNIKAĆEN · STARB · MUŽ · TETKA · SUPRUGA · KĆI · DJETINJSTVO

83 - Oiseaux

LABUD · AĆOĀDOR · UPELIKAN · PNOJ · NUAP · PBGN · PATKA · OĀROVIN · PILETINA · FLAMINGO

84 - Disciplines Scientifiques

AKINAHEM · KEMIJA · BOTANIKA · BIOKEMIJA · ASTRONOMIJA

85 - Univers

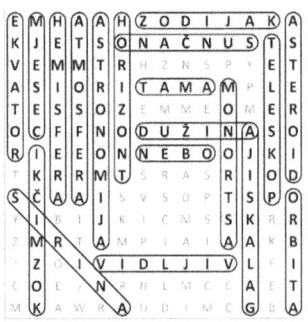

86 - Géographie

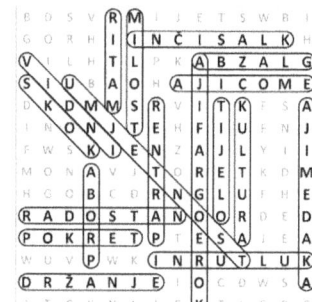

87 - Danse

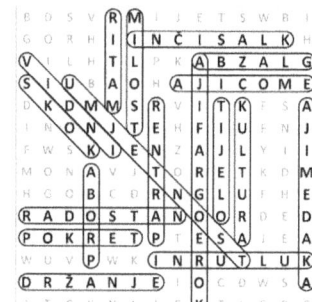

88 - Bâtiments

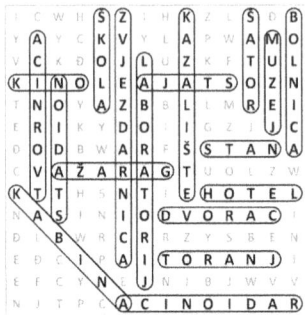

89 - Activités et Loisirs

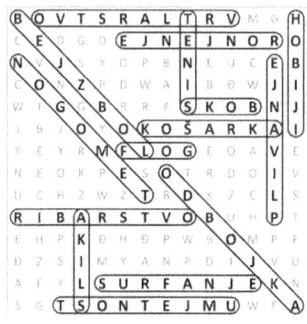

90 - Livres

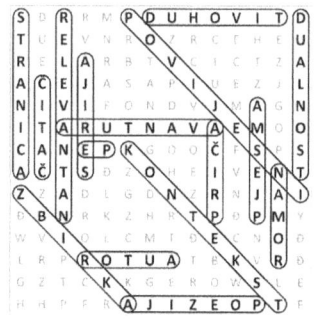

91 - Pays #2

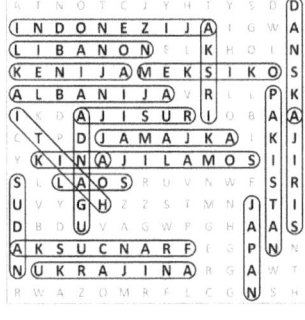

92 - Jazz

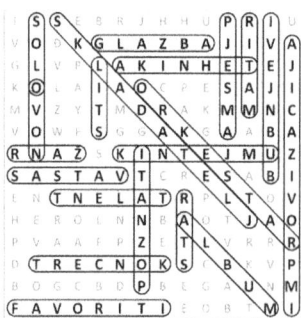

93 - Paysages

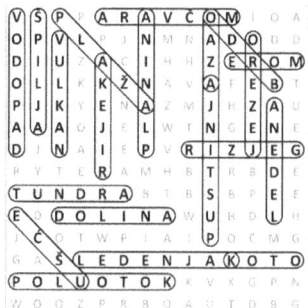

94 - Pays #1

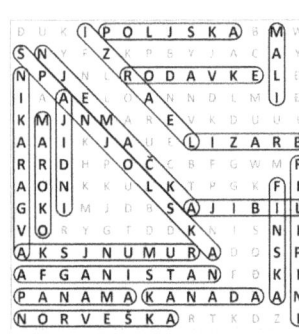

95 - Nombres

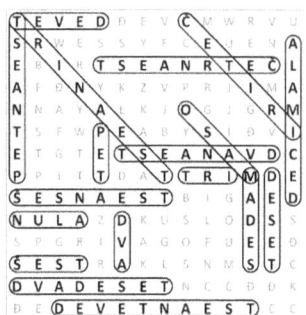

96 - Psychologie

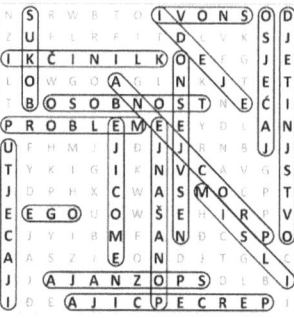

97 - Nature

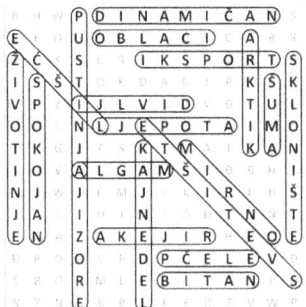

98 - Chimie

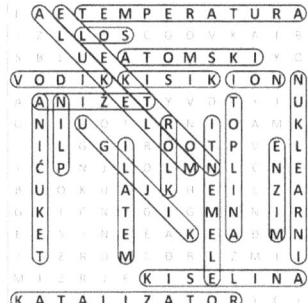

99 - Bateaux

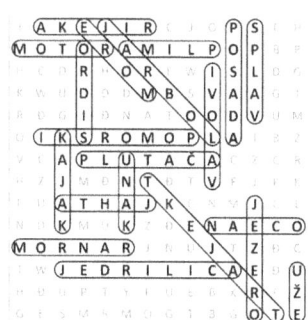

100 - Mesures

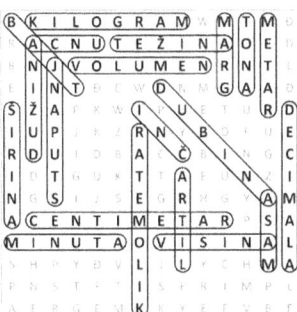

Dictionnaire

Activités
Aktivnosti

Activité	Aktivnost
Art	Umjetnost
Artisanat	Obrt
Camping	Kampiranje
Céramique	Keramika
Chasse	Lov
Compétence	Vještina
Couture	Šivanje
Danse	Ples
Intérêts	Interesi
Jardinage	Vrtlarstvo
Jeux	Igre
Lecture	Čitanje
Magie	Magija
Peinture	Slika
Pêche	Ribarstvo
Photographie	Fotografija
Plaisir	Zadovoljstvo
Randonnée	Pješačenje
Relaxation	Opuštanje

Activités et Loisirs
Zabava i Slobodno Vrijeme

Art	Umjetnost
Base-Ball	Bejzbol
Basket-Ball	Košarka
Boxe	Boks
Camping	Kampiranje
Football	Nogomet
Golf	Golf
Jardinage	Vrtlarstvo
Nager	Plivanje
Passe-Temps	Hobiji
Peinture	Slika
Pêche	Ribarstvo
Plongée	Ronjenje
Randonnée	Pješačenje
Relaxant	Opuštanje
Surf	Surfanje
Tennis	Tenis
Volley-Ball	Odbojka
Voyage	Putovati

Adjectifs #1
Pridjevi № 1

Absolu	Apsolutan
Actif	Aktivan
Ambitieux	Ambiciozan
Aromatique	Aromatski
Artistique	Umjetnički
Attractif	Atraktivan
Beau	Lijep
Exotique	Egzotično
Énorme	Ogroman
Généreux	Velikodušan
Honnête	Iskren
Identique	Identičan
Important	Važno
Innocent	Nevin
Jeune	Mladi
Lent	Usporiti
Lourd	Teška
Mince	Tanak
Moderne	Moderan
Parfait	Savršen

Adjectifs #2
Pridjevi № 2

Authentique	Autentično
Célèbre	Poznati
Créatif	Kreativni
Descriptif	Opisni
Doué	Darovit
Dramatique	Dramatičan
Élégant	Elegantan
Fier	Ponosan
Fort	Jak
Intéressant	Zanimljiv
Naturel	Prirodno
Nouveau	Novo
Productif	Produktivni
Puissant	Snažan
Pur	Čist
Responsable	Odgovoran
Sain	Zdrav
Salé	Slan
Sauvage	Divlji
Sec	Suho

Algèbre
Algebra

Diagramme	Dijagram
Exposant	Eksponent
Équation	Jednadžba
Facteur	Faktor
Faux	Lažno
Formule	Formula
Fraction	Frakcija
Graphique	Grafikon
Infini	Beskonačno
Linéaire	Linearni
Matrice	Matrica
Nombre	Broj
Parenthèse	Zagrada
Problème	Problem
Quantité	Količina
Solution	Rješenje
Somme	Suma
Soustraction	Oduzimanje
Variable	Varijabla
Zéro	Nula

Animaux de Compagnie
Kućni Ljubimci

Chat	Mačka
Chaton	Mače
Chèvre	Koza
Chien	Pas
Chiot	Štene
Collier	Ovratnik
Eau	Voda
Griffes	Kandže
Hamster	Hrčak
Lapin	Zec
Lézard	Gušter
Nourriture	Hrana
Pattes	Šape
Perroquet	Papiga
Poisson	Riba
Queue	Rep
Souris	Miš
Tortue	Kornjača
Vache	Krava
Vétérinaire	Veterinar

Antarctique
Antarktika

Baie	Zaljev
Baleines	Kitovi
Chercheur	Istraživač
Conservation	Konzervacija
Continent	Kontinent
Eau	Voda
Environnement	Okoliš
Expédition	Ekspedicija
Géographie	Geografija
Glace	Led
Glaciers	Ledenjaci
Îles	Otoci
Migration	Migracija
Minéraux	Minerali
Oiseaux	Ptice
Péninsule	Poluotok
Rocheux	Stjenovita
Scientifique	Znanstven
Température	Temperatura
Topographie	Topografija

Antiquités
Antikviteti

Art	Umjetnost
Authentique	Autentično
Bijoux	Nakit
Décoratif	Ukrasno
Enchères	Aukcija
Élégant	Elegantan
Galerie	Galerija
Inhabituel	Neobično
Investissement	Ulaganje
Meubles	Namještaj
Peintures	Slike
Pièces	Kovanice
Prix	Cijena
Qualité	Kvaliteta
Restauration	Obnova
Sculpture	Skulptura
Siècle	Stoljeće
Style	Stil
Valeur	Vrijednost
Vieux	Star

Archéologie
Arheologija

Analyse	Analiza
Années	Godine
Chercheur	Istraživač
Civilisation	Civilizacija
Descendant	Potomak
Expert	Stručnjak
Ère	Doba
Équipe	Tim
Évaluation	Evaluacija
Fossile	Fosil
Fragments	Fragmenti
Inconnu	Nepoznat
Mystère	Misterija
Objets	Objekti
Os	Kosti
Oublié	Zaboravio
Professeur	Profesor
Relique	Relikvija
Temple	Hram
Tombe	Grob

Astronomie
Astronomija

Astéroïde	Asteroid
Astronaute	Astronaut
Astronome	Astronom
Ciel	Nebo
Constellation	Konstelacija
Cosmos	Kozmos
Éclipse	Pomrčina
Équinoxe	Ekvinocija
Fusée	Raketa
Galaxie	Galaksija
Lune	Mjesec
Météore	Meteor
Nébuleuse	Maglica
Observatoire	Zvjezdarnica
Planète	Planeta
Radiation	Zračenje
Solaire	Sunčano
Supernova	Supernova
Terre	Zemlja
Univers	Svemir

Aventure
Avantura

Activité	Aktivnost
Beauté	Ljepota
Bravoure	Hrabrost
Chance	Prilika
Dangereux	Opasno
Destination	Odredište
Défis	Izazovi
Difficulté	Teškoća
Enthousiasme	Entuzijazam
Excursion	Izlet
Inhabituel	Neobično
Itinéraire	Itinerar
Joie	Radost
Nature	Priroda
Navigation	Navigacija
Nouveau	Novo
Préparation	Priprema
Sécurité	Sigurnost
Surprenant	Iznenađujući
Voyages	Putovanja

Avions
Zrakoplovi

Air	Zrak
Atmosphère	Atmosfera
Atterrissage	Slijetanje
Aventure	Avantura
Ballon	Balon
Carburant	Gorivo
Ciel	Nebo
Construction	Izgradnja
Descente	Silazak
Direction	Smjer
Équipage	Posada
Gonfler	Napuhati
Hauteur	Visina
Hélices	Propeleri
Histoire	Povijest
Hydrogène	Vodik
Moteur	Motor
Passager	Putnik
Pilote	Pilot
Turbulence	Turbulencija

Ballet
Balet

Applaudissement	Pljesak
Artistique	Umjetnički
Ballerine	Balerina
Chorégraphie	Koreografija
Compétence	Vještina
Compositeur	Skladatelj
Danseurs	Plesači
Expressif	Izražajan
Geste	Gesta
Gracieux	Graciozan
Intensité	Intenzitet
Muscles	Mišići
Musique	Glazba
Orchestre	Orkestar
Public	Publika
Répétition	Proba
Rythme	Ritam
Solo	Solo
Style	Stil
Technique	Tehnika

Barbecues
Roštilji

Chaud	Vruće
Couteaux	Noževi
Déjeuner	Ručak
Dîner	Večera
Enfants	Djeca
Été	Ljeto
Faim	Glad
Famille	Obitelj
Fruit	Voće
Gril	Roštilj
Jeux	Igre
Légumes	Povrće
Musique	Glazba
Oignons	Luk
Poivre	Papar
Poulet	Piletina
Salades	Salate
Sauce	Umak
Sel	Sol
Tomates	Rajčice

Bateaux
Brodovi

Ancre	Sidro
Bouée	Plutača
Canoë	Kanu
Corde	Uže
Équipage	Posada
Ferry	Trajekt
Fleuve	Rijeka
Kayak	Kajak
Lac	Jezero
Marée	Plima
Marin	Mornar
Mât	Jarbol
Mer	More
Moteur	Motor
Nautique	Pomorski
Océan	Ocean
Radeau	Splav
Vagues	Valovi
Voilier	Jedrilica
Yacht	Jahta

Bâtiments
Građevine

Appartement	Stan
Atelier	Radionica
Cabine	Kabina
Château	Dvorac
Cinéma	Kino
École	Škola
Garage	Garaža
Grange	Staja
Hôpital	Bolnica
Hôtel	Hotel
Laboratoire	Laboratorij
Musée	Muzej
Observatoire	Zvjezdarnica
Stade	Stadion
Supermarché	Supermarket
Tente	Šator
Théâtre	Kazalište
Tour	Toranj
Université	Sveučilište
Usine	Tvornica

Beauté
Ljepota

Boucles	Kovrče
Charme	Šarm
Ciseaux	Škare
Cosmétique	Kozmetika
Couleur	Boja
Élégance	Elegancija
Élégant	Elegantan
Grâce	Milost
Huiles	Ulja
Maquillage	Šminka
Mascara	Maskara
Miroir	Ogledalo
Parfum	Miris
Peau	Koža
Photogénique	Fotogeničan
Produits	Proizvodi
Rouge à Lèvres	Ruž
Services	Usluge
Shampooing	Šampon
Styliste	Stilist

Boxe
Boks

Adversaire	Protivnik
Arbitre	Sudac
Blessures	Ozljede
Cloche	Zvono
Coin	Kut
Combattant	Borac
Compétence	Vještina
Cordes	Užad
Corps	Tijelo
Coude	Lakat
Coup	Udarac
Épuisé	Iscrpljen
Force	Snaga
Gants	Rukavice
Menton	Brada
Poing	Šaka
Points	Točke
Rapide	Brz
Récupération	Oporavak

Café
Kava

Acide	Kiselo
Amer	Gorak
Arôme	Aroma
Boisson	Piće
Caféine	Kofein
Crème	Krema
Eau	Voda
Filtre	Filtar
Lait	Mlijeko
Liquide	Tekućina
Matin	Jutro
Moudre	Samljeti
Noir	Crna
Origine	Podrijetlo
Prix	Cijena
Rôti	Pržena
Saveur	Okus
Sucre	Šećer
Tasse	Šalica
Variété	Raznolikost

Camping
Kampiranje

Animaux	Životinje
Aventure	Avantura
Boussole	Kompas
Cabine	Kabina
Canoë	Kanu
Carte	Karta
Chapeau	Šešir
Chasse	Lov
Corde	Uže
Équipement	Oprema
Feu	Vatra
Forêt	Šuma
Hamac	Viseća
Insecte	Kukac
Lac	Jezero
Lanterne	Fenjer
Lune	Mjesec
Montagne	Planina
Nature	Priroda
Tente	Šator

Chimie
Kemija

Acide	Kiselina
Atomique	Atomski
Carbone	Ugljik
Catalyseur	Katalizator
Chaleur	Toplina
Chlore	Klor
Enzyme	Enzim
Électron	Elektron
Éléments	Elementi
Gaz	Plin
Hydrogène	Vodik
Ion	Ion
Liquide	Tekućina
Métaux	Metali
Molécule	Molekula
Nucléaire	Nuklearni
Oxygène	Kisik
Poids	Težina
Sel	Sol
Température	Temperatura

Chocolat
Čokolada

Amer	Gorak
Arôme	Aroma
Artisanal	Zanatski
Bonbon	Bombon
Cacahuètes	Kikiriki
Cacao	Kakao
Calories	Kalorije
Caramel	Karamela
Délicieux	Ukusno
Doux	Slatko
Exotique	Egzotično
Favori	Omiljeni
Goût	Ukus
Ingrédient	Sastojak
Noix de Coco	Kokos
Poudre	Prah
Qualité	Kvaliteta
Recette	Recept
Saveur	Okus
Sucre	Šećer

Cirque
Cirkus

Acrobate	Akrobat
Animaux	Životinje
Ballons	Baloni
Billet	Ulaznica
Clown	Klaun
Costume	Kostim
Divertir	Zabavljati
Éléphant	Slon
Jongleur	Žongler
Lion	Lav
Magicien	Čarobnjak
Magie	Magija
Montrer	Pokazati
Musique	Glazba
Parade	Parada
Singe	Majmun
Spectaculaire	Spektakularan
Spectateur	Gledatelj
Tente	Šator
Tigre	Tigar

Conduite
Vožnja

Accident	Nesreća
Camion	Kamion
Carburant	Gorivo
Carte	Karta
Danger	Opasnost
Freins	Kočnice
Garage	Garaža
Gaz	Plin
Licence	Licenca
Moteur	Motor
Moto	Motocikl
Piéton	Pješak
Police	Policija
Route	Cesta
Sécurité	Sigurnost
Trafic	Promet
Transport	Prijevoz
Tunnel	Tunel
Vitesse	Brzina
Voiture	Automobil

Corps Humain
Ljudsko Tijelo

Bouche	Usta
Cerveau	Mozak
Cheville	Gležanj
Cou	Vrat
Coude	Lakat
Cœur	Srce
Doigt	Prst
Estomac	Želudac
Épaule	Rame
Genou	Koljeno
Lèvres	Usne
Main	Ruka
Mâchoire	Čeljust
Menton	Brada
Nez	Nos
Oreille	Uho
Peau	Koža
Sang	Krv
Tête	Glava
Visage	Lice

Créativité
Kreativnost

Artistique	Umjetnički
Authenticité	Autentičnost
Clarté	Jasnoća
Compétence	Vještina
Dramatique	Dramatičan
Expression	Izraz
Émotions	Emocije
Fluidité	Fluidnost
Idées	Ideje
Image	Slika
Imagination	Mašta
Impression	Dojam
Inspiration	Inspiracija
Intensité	Intenzitet
Intuition	Intuicija
Inventif	Inventivni
Sensation	Osjećaj
Spontané	Spontano
Visions	Vizije
Vitalité	Vitalnost

Danse
Ples

Académie	Akademija
Art	Umjetnost
Chorégraphie	Koreografija
Classique	Klasični
Corps	Tijelo
Culture	Kultura
Culturel	Kulturni
Expressif	Izražajan
Émotion	Emocija
Grâce	Milost
Joyeux	Radostan
Mouvement	Pokret
Musique	Glazba
Partenaire	Partner
Posture	Držanje
Répétition	Proba
Rythme	Ritam
Saut	Skok
Traditionnel	Tradicionalan
Visuel	Vidni

Diplomatie
Diplomacija

Ambassadeur	Ambasador
Citoyens	Građani
Civique	Građanski
Communauté	Zajednica
Conflit	Sukob
Conseiller	Savjetnik
Coopération	Suradnja
Diplomatique	Diplomatski
Discussion	Rasprava
Éthique	Etika
Étranger	Strani
Gouvernement	Vlada
Humanitaire	Humanitarni
Intégrité	Integritet
Justice	Pravda
Politique	Politika
Résolution	Odluka
Sécurité	Sigurnost
Solution	Rješenje
Traité	Ugovor

Disciplines Scientifiques
Znanstvene Discipline

Anatomie	Anatomija
Archéologie	Arheologija
Astronomie	Astronomija
Biochimie	Biokemija
Biologie	Biologija
Botanique	Botanika
Chimie	Kemija
Écologie	Ekologija
Géologie	Geologija
Immunologie	Imunologija
Linguistique	Lingvistika
Mécanique	Mehanika
Météorologie	Meteorologija
Minéralogie	Mineralogija
Neurologie	Neurologija
Physiologie	Fiziologija
Psychologie	Psihologija
Sociologie	Sociologija
Thermodynamique	Termodinamika
Zoologie	Zoologija

Entreprise
Poslovanje

Argent	Novac
Boutique	Dućan
Budget	Proračun
Bureau	Ured
Carrière	Karijera
Coût	Trošak
Devise	Valuta
Employeur	Poslodavac
Employé	Zaposlenik
Entreprise	Tvrtka
Économie	Ekonomija
Finance	Financije
Impôts	Porezi
Investissement	Ulaganje
Marchandise	Roba
Profit	Dobit
Revenu	Prihod
Transaction	Transakcija
Usine	Tvornica
Vente	Prodaja

Escalade
Penjanje po Stijenama

Altitude	Visina
Atmosphère	Atmosfera
Blessure	Ozljeda
Bottes	Čizme
Carte	Karta
Casque	Kaciga
Curiosité	Znatiželja
Défis	Izazovi
Expert	Stručnjak
Étroit	Suziti
Force	Snaga
Formation	Obuka
Gants	Rukavice
Grotte	Špilja
Guides	Vodiči
Physique	Fizički
Randonnée	Pješačenje
Stabilité	Stabilnost
Terrain	Teren

Échecs
Šah

Adversaire	Protivnik
Apprendre	Učiti
Blanc	Bijeli
Champion	Prvak
Concours	Natjecanje
Défis	Izazovi
Diagonal	Dijagonala
Intelligent	Pametan
Jeu	Igra
Joueur	Igrač
Noir	Crna
Passif	Pasivno
Points	Točke
Reine	Kraljica
Règles	Pravila
Roi	Kralj
Sacrifice	Žrtvovati
Stratégie	Strategija
Temps	Vrijeme
Tournoi	Turnir

Écologie
Ekologija

Bénévoles	Volonteri
Climat	Klima
Communautés	Zajednice
Diversité	Raznolikost
Durable	Održiv
Espèce	Vrsta
Faune	Fauna
Flore	Flora
Global	Globalno
Habitat	Stanište
Marais	Močvara
Marin	Pomorski
Montagnes	Planine
Nature	Priroda
Naturel	Prirodno
Plantes	Bilje
Ressources	Resursi
Sécheresse	Suša
Survie	Opstanak
Végétation	Vegetacija

Électricité
Struja

Aimant	Magnet
Ampoule	Žarulja
Batterie	Baterija
Câble	Kabel
Électricien	Električar
Électrique	Električni
Équipement	Oprema
Fils	Žice
Générateur	Generator
Lampe	Svjetiljka
Laser	Laser
Négatif	Negativan
Objets	Objekti
Positif	Pozitivan
Prise	Utičnica
Quantité	Količina
Réseau	Mreža
Stockage	Skladištenje
Téléphone	Telefon
Télévision	Televizija

Énergie
Energija

Batterie	Baterija
Carbone	Ugljik
Carburant	Gorivo
Chaleur	Toplina
Diesel	Dizel
Entropie	Entropija
Environnement	Okoliš
Essence	Benzin
Électrique	Električni
Électron	Elektron
Hydrogène	Vodik
Industrie	Industrija
Moteur	Motor
Nucléaire	Nuklearni
Photon	Foton
Pollution	Zagađenje
Renouvelable	Obnovljiv
Soleil	Sunce
Turbine	Turbina
Vent	Vjetar

Épices
Začini

Aigre	Kiselo
Ail	Češnjak
Amer	Gorak
Anis	Anis
Cannelle	Cimet
Cardamome	Kardamom
Coriandre	Korijander
Cumin	Kumin
Curry	Curry
Fenouil	Komorač
Fenugrec	Piskavica
Gingembre	Đumbir
Oignon	Luk
Paprika	Paprika
Poivre	Papar
Réglisse	Slatki
Safran	Šafran
Saveur	Okus
Sel	Sol
Vanille	Vanilija

Famille
Obitelj

Ancêtre	Predak
Cousin	Rođak
Enfance	Djetinjstvo
Enfant	Dijete
Enfants	Djeca
Femme	Supruga
Fille	Kći
Frère	Brat
Grand-Mère	Baka
Grand-Père	Djed
Mari	Muž
Maternel	Majčinski
Mère	Majka
Neveu	Nećak
Nièce	Nećakinja
Oncle	Ujak
Paternel	Očinski
Père	Otac
Soeur	Sestra
Tante	Tetka

Ferme #1
Farma Broj 1

Abeille	Pčela
Agriculture	Poljoprivreda
Âne	Magarac
Bison	Bizon
Champ	Polje
Chat	Mačka
Cheval	Konj
Chèvre	Koza
Chien	Pas
Clôture	Ograda
Corbeau	Vrana
Eau	Voda
Engrais	Gnojivo
Foin	Sijeno
Miel	Med
Poulet	Piletina
Riz	Riža
Troupeau	Stado
Vache	Krava
Veau	Tele

Ferme #2
Farma № 2

Agneau	Janjetina
Animaux	Životinje
Berger	Pastir
Blé	Pšenica
Canard	Patka
Fruit	Voće
Grange	Staja
Irrigation	Navodnjavanje
Lait	Mlijeko
Lama	Lame
Légume	Povrće
Maïs	Kukuruz
Mouton	Ovce
Mûr	Zrelo
Nourriture	Hrana
Orge	Ječam
Pré	Livada
Ruche	Košnica
Tracteur	Traktor
Verger	Voćnjak

Fleurs
Cvijeće

Bouquet	Buket
Gardénia	Gardenija
Hibiscus	Hibiskus
Jasmin	Jasmin
Jonquille	Narcis
Lavande	Lavanda
Lilas	Lila
Lys	Ljiljan
Magnolia	Magnolija
Marguerite	Tratinčica
Orchidée	Orhideja
Pavot	Mak
Pétale	Latica
Pissenlit	Maslačak
Pivoine	Božur
Plumeria	Plumerija
Rose	Ruža
Tournesol	Suncokret
Trèfle	Djetelina
Tulipe	Tulipan

Force et Gravité
Snaga i Gravitacija

Axe	Os
Centre	Centar
Découverte	Otkriće
Distance	Udaljenost
Dynamique	Dinamičan
Expansion	Proširenje
Friction	Trenje
Impact	Udarac
Magnétisme	Magnetizam
Mécanique	Mehanika
Mouvement	Pokret
Orbite	Orbita
Physique	Fizika
Planètes	Planete
Poids	Težina
Pression	Pritisak
Propriétés	Svojstva
Temps	Vrijeme
Universel	Univerzalan
Vitesse	Brzina

Forêt Tropicale
Prašuma

Amphibiens	Vodozemci
Botanique	Botanički
Climat	Klima
Communauté	Zajednica
Diversité	Raznolikost
Espèce	Vrsta
Indigène	Autohtono
Insectes	Kukci
Jungle	Džungla
Mammifères	Sisavci
Mousse	Mahovina
Nature	Priroda
Nuage	Oblaci
Oiseaux	Ptice
Précieux	Vrijedan
Préservation	Očuvanje
Refuge	Utočište
Respect	Poštovanje
Restauration	Obnova
Survie	Opstanak

Formes
Obrasci

Arc	Luk
Bords	Rubovi
Carré	Kvadrat
Cercle	Krug
Coin	Kut
Courbe	Krivulja
Cône	Konus
Côté	Strana
Cube	Kocka
Cylindre	Cilindar
Ellipse	Elipsa
Hyperbole	Hiperbola
Ligne	Crta
Ovale	Ovalan
Polygone	Poligon
Prisme	Prizma
Pyramide	Piramida
Rectangle	Pravokutnik
Sphère	Sfera
Triangle	Trokut

Fruit
Voće

Abricot	Marelica
Ananas	Ananas
Avocat	Avokado
Baie	Bobica
Banane	Banana
Cerise	Trešnja
Citron	Limun
Figue	Smokva
Framboise	Malina
Goyave	Guava
Kiwi	Kivi
Mangue	Mango
Melon	Dinja
Orange	Naranča
Papaye	Papaja
Pêche	Breskva
Poire	Kruška
Pomme	Jabuka
Prune	Šljiva
Raisin	Grožđe

Géographie
Geografija

Altitude	Visina
Atlas	Atlas
Carte	Karta
Continent	Kontinent
Fleuve	Rijeka
Hémisphère	Hemisfera
Île	Otok
Latitude	Širina
Mer	More
Méridien	Meridijan
Monde	Svijet
Montagne	Planina
Nord	Sjever
Océan	Ocean
Ouest	Zapad
Pays	Zemlja
Région	Regija
Sud	Jug
Territoire	Područje
Ville	Grad

Géologie
Geologija

Acide	Kiselina
Calcium	Kalcij
Caverne	Kaverna
Continent	Kontinent
Corail	Koralja
Couche	Sloj
Cristaux	Kristali
Érosion	Erozija
Fondu	Rastopljen
Fossile	Fosil
Geyser	Gejzir
Lave	Lava
Minéraux	Minerali
Pierre	Kamen
Plateau	Plato
Quartz	Kvarc
Sel	Sol
Stalactite	Stalaktit
Volcan	Vulkan
Zone	Zona

Géométrie
Geometrija

Angle	Kut
Calcul	Izračun
Cercle	Krug
Courbe	Krivulja
Diamètre	Promjer
Dimension	Dimenzija
Équation	Jednadžba
Hauteur	Visina
Logique	Logika
Masse	Masa
Médian	Medijan
Nombre	Broj
Parallèle	Paralelno
Proportion	Proporcija
Segment	Segment
Surface	Površina
Symétrie	Simetrija
Théorie	Teorija
Triangle	Trokut
Vertical	Okomit

Gouvernement
Vlada

Citoyenneté	Državljanstvo
Civil	Građanski
Constitution	Ustav
Démocratie	Demokracija
Discours	Govor
Discussion	Rasprava
District	Okrug
Droits	Prava
Égalité	Jednakost
État	Država
Indépendance	Nezavisnost
Judiciaire	Sudski
Justice	Pravda
Liberté	Sloboda
Loi	Zakon
Monument	Spomenik
Nation	Narod
Paisible	Mirno
Politique	Politika
Symbole	Simbol

Herboristerie
Herbalizam

Ail	Češnjak
Aromatique	Aromatski
Basilic	Bosiljak
Bénéfique	Korisno
Culinaire	Kulinarski
Estragon	Dragulj
Fenouil	Komorač
Fleur	Cvijet
Ingrédient	Sastojak
Jardin	Vrt
Lavande	Lavanda
Marjolaine	Mažuran
Menthe	Metvice
Persil	Peršin
Qualité	Kvaliteta
Romarin	Ružmarin
Safran	Šafran
Saveur	Okus
Thym	Timijan
Vert	Zelen

Ingénierie
Inženjerska Umjetnost

Angle	Kut
Axe	Os
Calcul	Izračun
Construction	Izgradnja
Diagramme	Dijagram
Diamètre	Promjer
Diesel	Dizel
Distribution	Distribucija
Engrenages	Zupčanici
Énergie	Energija
Force	Snaga
Liquide	Tekućina
Machine	Stroj
Mesure	Mjerenje
Moteur	Motor
Profondeur	Dubina
Propulsion	Pogon
Rotation	Rotacija
Stabilité	Stabilnost
Structure	Struktura

Instruments de Musique
Glazbeni Instrumenti

Banjo	Bendžo
Basson	Fagot
Clarinette	Klarinet
Flûte	Flauta
Gong	Gong
Guitare	Gitara
Harmonica	Harmonika
Harpe	Harfa
Hautbois	Oboa
Mandoline	Mandolina
Marimba	Marimba
Percussion	Udaraljke
Piano	Klavir
Saxophone	Saksofon
Tambour	Bubanj
Tambourin	Tamburaški
Trombone	Trombon
Trompette	Truba
Violon	Violina
Violoncelle	Violončelo

Jardin
Vrt

Arbre	Drvo
Banc	Klupa
Buisson	Grm
Clôture	Ograda
Étang	Ribnjak
Fleur	Cvijet
Garage	Garaža
Hamac	Viseća
Herbe	Trava
Jardin	Vrt
Mauvaises Herbes	Korov
Pelle	Lopata
Pelouse	Travnjak
Râteau	Grablje
Sol	Tlo
Terrasse	Terasa
Trampoline	Trampolin
Tuyau	Crijevo
Verger	Voćnjak
Vigne	Loza

Jardinage
Vrtlarstvo

Botanique	Botanički
Bouquet	Buket
Climat	Klima
Comestible	Jestivo
Compost	Kompost
Eau	Voda
Espèce	Vrsta
Exotique	Egzotično
Feuillage	Lišće
Feuille	List
Fleur	Cvijet
Floral	Cvjetni
Graines	Sjemenke
Humidité	Vlaga
Récipient	Kontejner
Saisonnier	Sezonski
Saleté	Prljavština
Sol	Tlo
Tuyau	Crijevo
Verger	Voćnjak

Jazz
Jazz

Album	Album
Artiste	Umjetnik
Célèbre	Poznati
Chanson	Pjesma
Compositeur	Skladatelj
Composition	Sastav
Concert	Koncert
Favoris	Favoriti
Genre	Žanr
Improvisation	Improvizacija
Musique	Glazba
Nouveau	Novo
Orchestre	Orkestar
Rythme	Ritam
Solo	Solo
Style	Stil
Talent	Talent
Tambours	Bubnjevi
Technique	Tehnika
Vieux	Star

Jours et Mois
Dani i Mjeseci

Août	Kolovoz
Avril	Travanj
Calendrier	Kalendar
Dimanche	Nedjelja
Février	Veljača
Janvier	Siječanj
Jeudi	Četvrtak
Juillet	Srpanj
Juin	Lipanj
Lundi	Ponedjeljak
Mardi	Utorak
Mars	Ožujak
Mercredi	Srijeda
Mois	Mjesec
Novembre	Studeni
Octobre	Listopad
Samedi	Subota
Semaine	Tjedan
Septembre	Rujan
Vendredi	Petak

L'Entreprise
Tvrtka

Affaires	Poslovanje
Créatif	Kreativni
Décision	Odluka
Emploi	Zapošljavanje
Global	Globalno
Industrie	Industrija
Innovant	Inovativan
Investissement	Ulaganje
Possibilité	Mogućnost
Présentation	Prezentacija
Produit	Proizvod
Progrès	Napredak
Qualité	Kvaliteta
Ressources	Resursi
Revenu	Prihod
Réputation	Ugled
Risques	Rizici
Salaire	Plaće
Tendances	Trendovi
Unités	Jedinice

Les Abeilles
Pčele

Ailes	Krila
Bénéfique	Korisno
Cire	Vosak
Diversité	Raznolikost
Essaim	Roj
Écosystème	Ekosustav
Fleur	Cvijet
Fleurs	Cvijeće
Fruit	Voće
Fumée	Dim
Habitat	Stanište
Insecte	Kukac
Jardin	Vrt
Miel	Med
Nourriture	Hrana
Plantes	Bilje
Pollen	Pelud
Reine	Kraljica
Ruche	Košnica
Soleil	Sunce

Les Médias
Mediji

Attitudes	Stavovi
Commercial	Trgovački
Communication	Komunikacija
En Ligne	Na Liniji
Édition	Izdanje
Éducation	Obrazovanje
Faits	Činjenice
Financement	Financiranje
Images	Slike
Industrie	Industrija
Intellectuel	Intelektualac
Journaux	Novine
Local	Lokalni
Numérique	Digitalni
Opinion	Mišljenje
Photos	Fotografije
Public	Javnost
Radio	Radio
Réseau	Mreža
Télévision	Televizija

Légumes
Povrće

Ail	Češnjak
Artichaut	Artičoka
Aubergine	Patlidžan
Brocoli	Brokula
Carotte	Mrkva
Céleri	Celer
Champignon	Gljiva
Citrouille	Bundeva
Concombre	Krastavac
Échalote	Luk Kozjak
Épinard	Špinat
Gingembre	Đumbir
Navet	Repa
Oignon	Luk
Olive	Maslina
Persil	Peršin
Pois	Grašak
Radis	Rotkvica
Salade	Salata
Tomate	Rajčica

Littérature
Književnost

Analogie	Analogija
Analyse	Analiza
Anecdote	Anegdota
Auteur	Autor
Biographie	Biografija
Comparaison	Usporedba
Conclusion	Zaključak
Description	Opis
Dialogue	Dijalog
Fiction	Fikcija
Métaphore	Metafora
Narrateur	Pripovjedač
Poème	Pjesma
Poétique	Pjesnički
Rime	Rima
Roman	Roman
Rythme	Ritam
Style	Stil
Thème	Tema
Tragédie	Tragedija

Livres
Knjige

Auteur	Autor
Aventure	Avantura
Collection	Zbirka
Contexte	Kontekst
Dualité	Dualnost
Épique	Ep
Histoire	Priča
Historique	Povijesni
Humoristique	Duhovit
Inventif	Inventivni
Lecteur	Čitač
Littéraire	Literarni
Narrateur	Pripovjedač
Page	Stranica
Pertinent	Relevantan
Poème	Pjesma
Poésie	Poezija
Roman	Roman
Série	Serija
Tragique	Tragično

Maison
Kuća

Balai	Metla
Bibliothèque	Knjižnica
Chambre	Soba
Cheminée	Kamin
Clés	Tipke
Clôture	Ograda
Cuisine	Kuhinja
Douche	Tuš
Fenêtre	Prozor
Garage	Garaža
Grenier	Potkrovlje
Jardin	Vrt
Lampe	Svjetiljka
Miroir	Ogledalo
Mur	Zid
Plafond	Strop
Porte	Vrata
Rideaux	Zavjese
Tapis	Tepih
Toit	Krov

Mammifères
Sisavci

Baleine	Kit
Chat	Mačka
Cheval	Konj
Chien	Pas
Coyote	Kojot
Dauphin	Dupin
Éléphant	Slon
Girafe	Žirafa
Gorille	Gorila
Kangourou	Klokan
Lapin	Zec
Lion	Lav
Loup	Vuk
Mouton	Ovce
Ours	Snositi
Renard	Lisica
Singe	Majmun
Taureau	Bik
Tigre	Tigar
Zèbre	Zebra

Mathématiques
Matematika

Angles	Kutovi
Arithmétique	Aritmetika
Carré	Kvadrat
Circonférence	Opseg
Décimal	Decimala
Diamètre	Promjer
Exposant	Eksponent
Équation	Jednadžba
Fraction	Frakcija
Géométrie	Geometrija
Parallèle	Paralelno
Parallélogramme	Paralelogram
Perpendiculaire	Okomica
Périmètre	Perimetar
Polygone	Poligon
Rectangle	Pravokutnik
Somme	Suma
Symétrie	Simetrija
Triangle	Trokut
Volume	Volumen

Mesures
Mjerenja

Centimètre	Centimetar
Degré	Stupanj
Décimal	Decimala
Gramme	Gram
Hauteur	Visina
Kilogramme	Kilogram
Kilomètre	Kilometar
Largeur	Širina
Litre	Litra
Longueur	Dužina
Masse	Masa
Mètre	Metar
Minute	Minuta
Octet	Bajt
Once	Unca
Poids	Težina
Pouce	Inč
Profondeur	Dubina
Tonne	Tona
Volume	Volumen

Méditation
Meditacija

Acceptation	Prihvaćanje
Attention	Pažnja
Calme	Miran
Clarté	Jasnoća
Compassion	Suosjećanje
Émotions	Emocije
Éveillé	Budan
Gentillesse	Ljubaznost
Gratitude	Zahvalnost
Habitudes	Navike
Mental	Mentalno
Mouvement	Pokret
Musique	Glazba
Nature	Priroda
Observation	Promatranje
Paix	Mir
Perspective	Perspektiva
Posture	Držanje
Respiration	Disanje
Silence	Tišina

Météo
Vrijeme

Arc-En-Ciel	Duga
Atmosphère	Atmosfera
Brise	Povjetarac
Brouillard	Magla
Ciel	Nebo
Climat	Klima
Glace	Led
Inondation	Poplava
Mousson	Monsun
Nuage	Oblak
Ouragan	Uragan
Polaire	Polarni
Sec	Suho
Sécheresse	Suša
Température	Temperatura
Tempête	Oluja
Tonnerre	Grmljavina
Tornade	Tornado
Tropical	Tropski
Vent	Vjetar

Musique
Glazba, Muzika

Album	Album
Ballade	Balada
Chanter	Pjevati
Chanteur	Pjevač
Classique	Klasični
Enregistrement	Snimanje
Harmonie	Sklad
Harmonique	Harmonijski
Instrument	Instrument
Lyrique	Lirski
Mélodie	Melodija
Microphone	Mikrofon
Musical	Mjuzikl
Musicien	Glazbenik
Opéra	Opera
Poétique	Pjesnički
Rythme	Ritam
Rythmique	Ritmičan
Tempo	Tempo
Vocal	Vokalni

Mythologie
Mitologija

Archétype	Arhetip
Catastrophe	Katastrofa
Comportement	Ponašanje
Création	Stvaranje
Créature	Stvorenje
Croyances	Uvjerenja
Culture	Kultura
Éclair	Munja
Force	Snaga
Guerrier	Ratnik
Héros	Junak
Immortalité	Besmrtnost
Jalousie	Ljubomora
Labyrinthe	Labirint
Légende	Legenda
Magique	Čarobni
Monstre	Čudovište
Mortel	Smrtnik
Tonnerre	Grmljavina
Vengeance	Osveta

Nature
Priroda

Abeilles	Pčele
Abri	Sklonište
Animaux	Životinje
Arctique	Arktik
Beauté	Ljepota
Brouillard	Magla
Désert	Pustinja
Dynamique	Dinamičan
Érosion	Erozija
Feuillage	Lišće
Fleuve	Rijeka
Forêt	Šuma
Glacier	Ledenjak
Nuage	Oblaci
Paisible	Mirno
Sanctuaire	Svetište
Sauvage	Divlji
Serein	Spokojan
Tropical	Tropski
Vital	Bitan

Nombres
Brojevi

Cinq	Pet
Deux	Dva
Décimal	Decimala
Dix	Deset
Dix-Huit	Osamnaest
Dix-Neuf	Devetnaest
Dix-Sept	Sedamnaest
Douze	Dvanaest
Huit	Osam
Neuf	Devet
Quatorze	Četrnaest
Quatre	Četiri
Quinze	Petnaest
Seize	Šesnaest
Sept	Sedam
Six	Šest
Treize	Trinaest
Trois	Tri
Vingt	Dvadeset
Zéro	Nula

Nourriture #1
Hrana # 1

Ail	Češnjak
Basilic	Bosiljak
Café	Kava
Cannelle	Cimet
Carotte	Mrkva
Citron	Limun
Épinard	Špinat
Fraise	Jagoda
Jus	Sok
Lait	Mlijeko
Navet	Repa
Oignon	Luk
Orge	Ječam
Poire	Kruška
Salade	Salata
Sel	Sol
Soupe	Juha
Sucre	Šećer
Thon	Tuna
Viande	Meso

Nourriture #2
Hrana # 2

Amande	Badem
Aubergine	Patlidžan
Banane	Banana
Blé	Pšenica
Brocoli	Brokula
Cerise	Trešnja
Céleri	Celer
Champignon	Gljiva
Chocolat	Čokolada
Jambon	Šunka
Kiwi	Kivi
Mangue	Mango
Oeuf	Jaje
Pain	Kruh
Poisson	Riba
Pomme	Jabuka
Poulet	Piletina
Raisin	Grožđe
Riz	Riža
Tomate	Rajčica

Nutrition
Prehrana

Amer	Gorak
Appétit	Apetit
Calories	Kalorije
Comestible	Jestivo
Diète	Dijeta
Digestion	Probava
Épices	Začini
Équilibré	Uravnotežen
Fermentation	Vrenje
Ingrédients	Sastojci
Liquides	Tekućine
Poids	Težina
Protéines	Proteini
Qualité	Kvaliteta
Sain	Zdrav
Santé	Zdravlje
Sauce	Umak
Saveur	Okus
Toxine	Toksin
Vitamine	Vitamin

Océan
Ocean

Algue	Alge
Anguille	Jegulja
Baleine	Kit
Bateau	Čamac
Corail	Koralja
Crabe	Rak
Crevette	Škampi
Dauphin	Dupin
Éponge	Spužva
Huître	Kamenica
Méduse	Meduza
Poisson	Riba
Poulpe	Hobotnica
Requin	Morski Pas
Récif	Greben
Sel	Sol
Tempête	Oluja
Thon	Tuna
Tortue	Kornjača
Vagues	Valovi

Oiseaux
Ptice

Aigle	Orao
Autruche	Noj
Canard	Patka
Cigogne	Roda
Corbeau	Vrana
Coucou	Kukavica
Cygne	Labud
Flamant	Flamingo
Héron	Čaplja
Manchot	Pingvin
Moineau	Vrabac
Mouette	Galeb
Oeuf	Jaje
Oie	Guska
Paon	Paun
Perroquet	Papiga
Pélican	Pelikan
Pigeon	Golub
Poulet	Piletina
Toucan	Toucan

Pays #1
Zemlje № 1

Afghanistan	Afganistan
Allemagne	Njemačka
Argentine	Argentina
Brésil	Brazil
Canada	Kanada
Espagne	Španjolska
Équateur	Ekvador
Finlande	Finska
Inde	Indija
Israël	Izrael
Libye	Libija
Mali	Mali
Maroc	Maroko
Nicaragua	Nikaragva
Norvège	Norveška
Panama	Panama
Philippines	Filipini
Pologne	Poljska
Roumanie	Rumunjska
Venezuela	Venezuela

Pays #2
Zemlje № 2

Albanie	Albanija
Chine	Kina
Danemark	Danska
France	Francuska
Haïti	Haiti
Indonésie	Indonezija
Irlande	Irska
Jamaïque	Jamajka
Japon	Japan
Kenya	Kenija
Laos	Laos
Liban	Libanon
Mexique	Meksiko
Ouganda	Uganda
Pakistan	Pakistan
Russie	Rusija
Somalie	Somalija
Soudan	Sudan
Syrie	Sirija
Ukraine	Ukrajina

Paysages
Krajolici

Cascade	Vodopad
Colline	Brdo
Désert	Pustinja
Estuaire	Ušće
Fleuve	Rijeka
Geyser	Gejzir
Glacier	Ledenjak
Grotte	Špilja
Iceberg	Ledena
Île	Otok
Lac	Jezero
Marais	Močvara
Mer	More
Montagne	Planina
Oasis	Oaza
Péninsule	Poluotok
Plage	Plaža
Toundra	Tundra
Vallée	Dolina
Volcan	Vulkan

Photographie
Fotografija

Adoucir	Omekšati
Cadre	Okvir
Caméra	Kamera
Composition	Sastav
Contraste	Kontrast
Couleur	Boja
Définition	Definicija
Exposition	Izložba
Éclairage	Rasvjeta
Format	Format
Noir	Crna
Objet	Objekt
Obscurité	Tama
Ombre	Sjene
Perspective	Perspektiva
Portrait	Portret
Sujet	Predmet
Texture	Tekstura
Visuel	Vidni
Vue	Pogled

Physique
Fizika

Accélération	Ubrzanje
Atome	Atom
Chaos	Kaos
Chimique	Kemijski
Densité	Gustoća
Électron	Elektron
Formule	Formula
Fréquence	Frekvencija
Gaz	Plin
Gravité	Gravitacija
Magnétisme	Magnetizam
Masse	Masa
Mécanique	Mehanika
Molécule	Molekula
Moteur	Motor
Nucléaire	Nuklearni
Particule	Čestica
Relativité	Relativnost
Universel	Univerzalan
Vitesse	Brzina

Plage
Plaža

Bateau	Čamac
Bleu	Plava
Coquilles	Školjke
Côte	Obala
Crabe	Rak
Dock	Pristanište
Île	Otok
Lagune	Laguna
Mer	More
Nager	Plivati
Océan	Ocean
Parapluie	Kišobran
Récif	Greben
Sable	Pijesak
Sandales	Sandale
Serviette	Ručnik
Soleil	Sunce
Vacances	Odmor
Voilier	Jedrilica

Plantes
Biljke

Arbre	Drvo
Baie	Bobica
Bambou	Bambus
Botanique	Botanika
Buisson	Grm
Cactus	Kaktus
Engrais	Gnojivo
Feuillage	Lišće
Fleur	Cvijet
Flore	Flora
Forêt	Šuma
Grandir	Rasti
Haricot	Grah
Herbe	Trava
Jardin	Vrt
Lierre	Bršljan
Mousse	Mahovina
Pétale	Latica
Racine	Korijen
Végétation	Vegetacija

Professions #1
Zanimanja № 1

Ambassadeur	Ambasador
Artiste	Umjetnik
Astronome	Astronom
Avocat	Odvjetnik
Banquier	Bankar
Bijoutier	Zlatar
Cartographe	Kartograf
Chasseur	Lovac
Comptable	Računovođa
Danseur	Plesačica
Entraîneur	Trener
Éditeur	Urednik
Géologue	Geolog
Médecin	Liječnik
Musicien	Glazbenik
Pianiste	Pijanist
Pompier	Vatrogasac
Psychologue	Psiholog
Scientifique	Znanstvenik
Vétérinaire	Veterinar

Professions #2
Zanimanja № 2

Astronaute	Astronaut
Bibliothécaire	Knjižničar
Biologiste	Biolog
Chercheur	Istraživač
Chirurgien	Kirurg
Dentiste	Zubar
Détective	Detektiv
Enseignant	Učitelj
Illustrateur	Ilustrator
Ingénieur	Inženjer
Inventeur	Izumitelj
Jardinier	Vrtlar
Journaliste	Novinar
Linguiste	Jezikoslovac
Médecin	Liječnik
Peintre	Slikar
Philosophe	Filozof
Photographe	Fotograf
Pilote	Pilot
Zoologiste	Zoolog

Psychologie
Psihologija

Clinique	Klinički
Cognition	Spoznaja
Comportement	Ponašanje
Conflit	Sukob
Ego	Ego
Enfance	Djetinjstvo
Expériences	Iskustva
Émotions	Emocije
Évaluation	Procjena
Idées	Ideje
Inconscient	Nesvjesno
Influences	Utjecaji
Pensées	Misli
Perception	Percepcija
Personnalité	Osobnost
Problème	Problem
Réalité	Stvarnost
Rêves	Snovi
Sensation	Osjećaj
Thérapie	Terapija

Randonnée
Planinarenje

Animaux	Životinje
Bottes	Čizme
Camping	Kampiranje
Carte	Karta
Climat	Klima
Dangers	Opasnosti
Eau	Voda
Falaise	Litica
Fatigué	Umorni
Guides	Vodiči
Lourd	Teška
Météo	Vrijeme
Montagne	Planina
Nature	Priroda
Orientation	Orijentacija
Parcs	Parkovi
Pierres	Kamenje
Préparation	Priprema
Sauvage	Divlji
Soleil	Sunce

Restaurant #2
Restoran Broj 2

Boisson	Piće
Chaise	Stolica
Cuillère	Žlica
Déjeuner	Ručak
Délicieux	Ukusno
Dîner	Večera
Eau	Voda
Épices	Začini
Fourchette	Vilica
Fruit	Voće
Gâteau	Torta
Glace	Led
Légumes	Povrće
Nouilles	Rezanci
Oeuf	Jaja
Poisson	Riba
Salade	Salata
Sel	Sol
Serveur	Konobar
Soupe	Juha

Santé et Bien-Être #1
Zdravlje i Wellness # 1

Actif	Aktivan
Bactéries	Bakterije
Blessure	Ozljeda
Clinique	Klinika
Faim	Glad
Fracture	Lom
Habitude	Navika
Hauteur	Visina
Hormone	Hormoni
Médecin	Liječnik
Médicament	Lijek
Muscles	Mišići
Os	Kosti
Peau	Koža
Pharmacie	Ljekarna
Posture	Držanje
Réflexe	Refleks
Thérapie	Terapija
Traitement	Liječenje
Virus	Virus

Santé et Bien-Être #2
Zdravlje i Wellness # 2

Allergie	Alergija
Anatomie	Anatomija
Appétit	Apetit
Calorie	Kalorija
Corps	Tijelo
Déshydratation	Dehidracija
Énergie	Energija
Génétique	Genetika
Hôpital	Bolnica
Hygiène	Higijena
Infection	Infekcija
Maladie	Bolest
Massage	Masaža
Nutrition	Ishrana
Poids	Težina
Récupération	Oporavak
Sain	Zdrav
Sang	Krv
Stress	Stres
Vitamine	Vitamin

Science
Znanost

Atome	Atom		
Chimique	Kemijski		
Climat	Klima		
Données	Podaci		
Expérience	Eksperiment		
Évolution	Evolucija		
Fait	Činjenica		
Fossile	Fosil		
Gravité	Gravitacija		
Hypothèse	Hipoteza		
Laboratoire	Laboratorij		
Méthode	Metoda		
Minéraux	Minerali		
Molécules	Molekule		
Nature	Priroda		
Observation	Promatranje		
Organisme	Organizam		
Particules	Čestice		
Physique	Fizika		
Scientifique	Znanstvenik		

Science-Fiction
Znanstvena Fantastika

Atomique	Atomski
Cinéma	Kino
Explosion	Eksplozija
Extrême	Krajnost
Fantastique	Fantastičan
Feu	Vatra
Futuriste	Futuristički
Galaxie	Galaksija
Illusion	Iluzija
Imaginaire	Zamišljen
Livres	Knjige
Monde	Svijet
Mystérieux	Tajanstveni
Oracle	Proročište
Planète	Planeta
Réaliste	Realno
Robots	Roboti
Scénario	Scenarij
Technologie	Tehnologija
Utopie	Utopija

Sport
Sport

Athlète	Sportaš
Capacité	Sposobnost
Corps	Tijelo
Cyclisme	Biciklizam
Danse	Ples
Diète	Dijeta
Endurance	Izdržljivost
Entraîneur	Trener
Force	Snaga
Jogging	Jogging
Maximiser	Maksimizirati
Métabolique	Metabolički
Muscles	Mišići
Nager	Plivati
Nutrition	Ishrana
Objectif	Cilj
Os	Kosti
Programme	Program
Santé	Zdravlje
Sports	Sportski

Temps
Vrijeme

Année	Godina
Annuel	Godišnji
Après	Nakon
Aujourd'Hui	Danas
Avant	Prije
Bientôt	Uskoro
Calendrier	Kalendar
Décennie	Desetljeće
Futur	Budućnost
Heure	Sat
Hier	Jučer
Jour	Dan
Maintenant	Sada
Matin	Jutro
Midi	Podne
Minute	Minuta
Mois	Mjesec
Nuit	Noć
Semaine	Tjedan
Siècle	Stoljeće

Types de Cheveux
Vrste Kose

Argent	Srebro
Blanc	Bijeli
Blond	Plavuša
Boucles	Kovrče
Brillant	Sjajan
Chauve	Ćelav
Court	Kratak
Doux	Mekan
Épais	Debeo
Frisé	Kovrčava
Gris	Siva
Long	Dugo
Marron	Smeđ
Mince	Tanak
Noir	Crna
Ondulé	Valovita
Sain	Zdrav
Sec	Suho
Tresses	Pletenice
Tressé	Pletena

Univers
Svemir

Astéroïde	Asteroid
Astronome	Astronom
Astronomie	Astronomija
Atmosphère	Atmosfera
Ciel	Nebo
Cosmique	Kozmički
Équateur	Ekvator
Galaxie	Galaksija
Hémisphère	Hemisfera
Horizon	Horizont
Latitude	Širina
Longitude	Dužina
Lune	Mjesec
Obscurité	Tama
Orbite	Orbita
Solaire	Sunčano
Solstice	Solsticij
Télescope	Teleskop
Visible	Vidljiv
Zodiaque	Zodijak

Vacances #2
Odmor № 2

Aéroport	Zračna Luka
Camping	Kampiranje
Carte	Karta
Destination	Odredište
Étranger	Stranac
Hôtel	Hotel
Île	Otok
Mer	More
Passeport	Putovnica
Photos	Fotografije
Plage	Plaža
Restaurant	Restoran
Réservations	Rezervacije
Taxi	Taksi
Tente	Šator
Train	Vlak
Transport	Prijevoz
Vacances	Odmor
Visa	Viza
Voyage	Putovanje

Véhicules
Vozila

Ambulance	Hitna Pomoć
Avion	Zrakoplov
Bateau	Čamac
Bus	Autobus
Camion	Kamion
Caravane	Karavan
Ferry	Trajekt
Fusée	Raketa
Hélicoptère	Helikopter
Moteur	Motor
Navette	Čunak
Pneus	Gume
Radeau	Splav
Scooter	Skuter
Sous-Marin	Podmornica
Taxi	Taksi
Tracteur	Traktor
Train	Vlak
Vélo	Bicikl
Voiture	Automobil

Vêtements
Odjeća

Bracelet	Narukvica
Ceinture	Pojas
Chapeau	Šešir
Chaussure	Cipela
Chemise	Košulja
Chemisier	Bluza
Collier	Ogrlica
Foulard	Šal
Gants	Rukavice
Jeans	Traperice
Jupe	Suknja
Manteau	Kaput
Mode	Moda
Pantalon	Hlače
Pull	Džemper
Pyjama	Pidžama
Robe	Haljina
Sandales	Sandale
Tablier	Pregača
Veste	Jakna

Ville
Grad

Aéroport	Zračna Luka
Banque	Banka
Bibliothèque	Knjižnica
Boulangerie	Pekara
Cinéma	Kino
Clinique	Klinika
École	Škola
Fleuriste	Cvjećar
Galerie	Galerija
Hôtel	Hotel
Librairie	Knjižara
Marché	Tržište
Musée	Muzej
Pharmacie	Ljekarna
Restaurant	Restoran
Stade	Stadion
Supermarché	Supermarket
Théâtre	Kazalište
Université	Sveučilište
Zoo	Zoološki Vrt

Félicitations

Vous avez réussi !

Nous espérons que vous avez apprécié ce livre autant que nous avons pris plaisir à le concevoir. Nous faisons de notre mieux pour créer des livres de la meilleure qualité possible.
Cette édition est conçue pour permettre un apprentissage intelligent et de qualité en se divertissant !

Vous avez aimé ce livre ?

Une Simple Demande

Nos livres existent grâce aux avis que vous publiez. Pourriez-vous nous aider en laissant un avis maintenant ?

Voici un lien rapide qui vous mènera à votre
page d'évaluation de vos commandes :

BestBooksActivity.com/Avis50

CHALLENGE FINAL !

Défi n°1

Êtes-vous prêt pour votre jeu bonus ? Nous les utilisons tout le temps mais ils ne sont pas si faciles à trouver. Voici les **Synonymes** !

Notez 5 mots que vous avez trouvés dans les puzzles notés ci-dessous (n°21, n°36, n°76) et essayez de trouver 2 synonymes pour chaque mot.

Notez 5 Mots du **Puzzle 21**

Mots	Synonyme 1	Synonyme 2

Notez 5 Mots du **Puzzle 36**

Mots	Synonyme 1	Synonyme 2

Notez 5 Mots du **Puzzle 76**

Mots	Synonyme 1	Synonyme 2

Défi n°2

Maintenant que vous vous êtes échauffé, notez 5 mots que vous avez découverts dans les Puzzles n° 9, n° 17, n° 25 et essayez de trouver 2 antonymes pour chaque mot. Combien pouvez-vous en trouver en 20 minutes ?

Notez 5 Mots du **Puzzle 9**

Mots	Antonyme 1	Antonyme 2

Notez 5 Mots du **Puzzle 17**

Mots	Antonyme 1	Antonyme 2

Notez 5 Mots du **Puzzle 25**

Mots	Antonyme 1	Antonyme 2

Défi n°3

Formidable ! Ce défi final n'est rien pour vous.

Prêt pour le dernier défi ? Choisissez 10 mots que vous avez découverts parmi les différents puzzles et notez-les ci-dessous.

1.	6.
2.	7.
3.	8.
4.	9.
5.	10.

Maintenant, composez un texte en pensant à une personne, un animal ou un lieu que vous aimez !

Astuce: Vous pouvez utiliser la dernière page de ce livre comme brouillon !

Votre Composition :

CARNET DE NOTES :

À TRÈS BIENTÔT !

Toute l'équipe

DECOUVREZ DES JEUX GRATUITS

GO

BESTACTIVITYBOOKS.COM/FREEGAMES